Survivre
avec les loups

Misha Defonseca
avec la collaboration de Vera Lee

Survivre avec les loups

De la Belgique à l'Ukraine,
une enfant juive à travers l'Europe nazie
1941-1944

Adaptation française de Marie-Thérèse Cuny

FRANCE LOISIRS
123, boulevard de Grenelle, Paris

Titre original : *MISHA A Mémoire of the Holocauste Years*
© Misha Defonseca, Vera Lee, Mt. Ivy Press, 1997

Une édition du Club France Loisirs, Paris,
réalisée avec l'autorisation des Éditions du Seuil.

Le code de la propriété intellectuelle n'autorisant, aux termes des paragraphes 2 et 3 de l'article L. 122-5, d'une part, que les « copies ou reproductions strictement réservées à l'usage privé du copiste et non destinées à une utilisation collective » et, d'autre part, sous réserve du nom de l'auteur et de la source, que les analyses et les courtes citations justifiées par le caractère critique, polémique, pédagogique, scientifique ou d'information », toute représentation ou reproduction intégrale ou partielle faite sans le consentement de l'auteur ou de ses ayants droit ou ayants cause est illicite » (art. L. 122-4). Cette représentation ou reproduction, par quelque procédé que ce soit, constituerait donc une contrefaçon, sanctionnée par les articles L. 335-2 et suivants du Code de la propriété intellectuelle.

© Éditions Robert Laffont, S.A., Paris, 1997, pour la traduction française.
ISBN 2-7441-1651-3

Ce livre est dédié à la mémoire
de mon chien Jimmy.
J'aime tous les animaux du monde,
mais Jimmy tenait une place particulière
dans mon cœur.

*La mémoire est la source de la libération,
et l'oubli est la racine de l'exil.*

Ba'al Shem-Tov

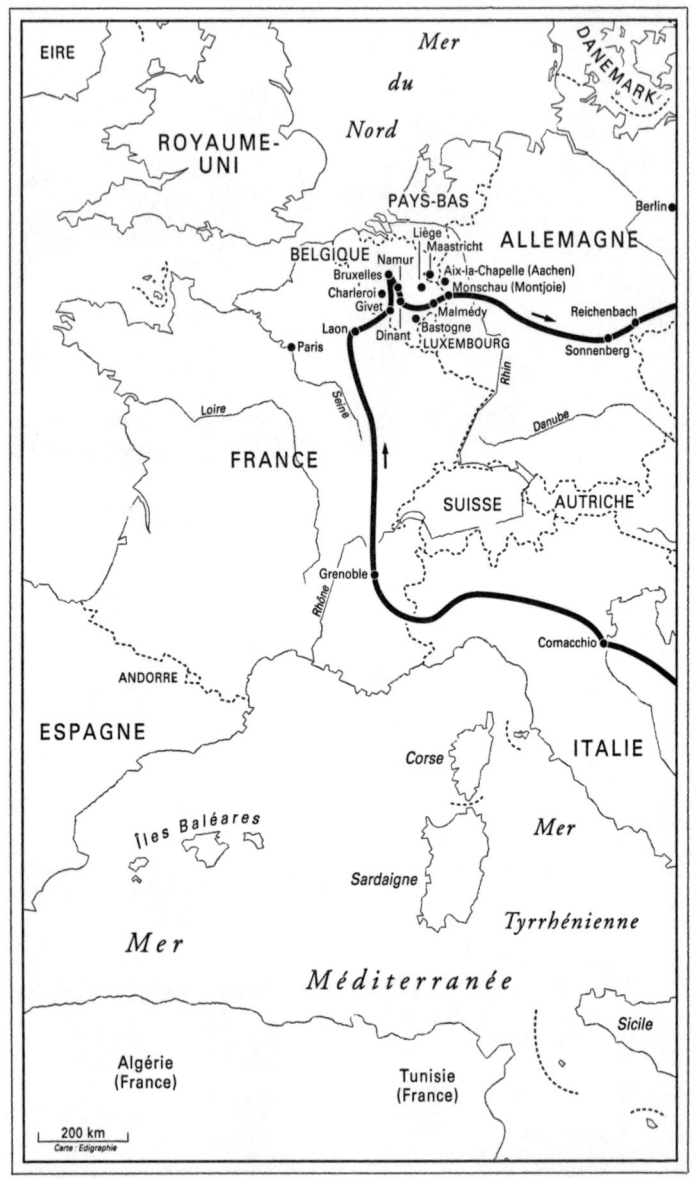

Mon périple représente en droite ligne sur cette carte environ 3 335 kilomètres. Au début, je devais marcher entre 15 et 20 kilomètres par jour. Par la suite, avec l'endurance, en

marchant six heures je pouvais certainement parcourir 30 kilomètres quotidiennement.

1

Un fantôme de bonheur

Maman a dû voyager avec moi dans son ventre puisque je suis née en Belgique.
Elle est comme un morceau de lumière dans un décor triste.
Elle porte des vêtements clairs. Le logement sent le moisi.
Elle dit :
— Mischke, tu ne dois pas approcher de ce balcon...
Elle parle mal le français, mais le russe et le yiddish. Papa l'appelle Gerushah. Maman répond Reuven, ou Robert.
Papa parle beaucoup mieux le français que maman, mais il commence toujours ses phrases en allemand ou en yiddish. Surtout lorsqu'il ne veut pas que j'écoute.
Il joue avec moi aux soldats et à la guerre :
— Mischke, tu as gagné ! Tu es vainqueur !
C'est quelque part dans un quartier de Bruxelles, un logement pauvre qui sent le moisi.
Avant ce balcon interdit dont je ne dois pas m'approcher, c'était pire encore. Une cave, avec une drôle de fenêtre au ras d'un trottoir. J'y vois passer les pieds des gens. Et je compte inlassablement ces pieds qui passent. Rien d'autre à faire. Il y a une bassine en métal par terre pour se laver. Une boîte à pain en fer, et rien dedans. Un matelas par terre, vieux et pas propre. Je ne fais rien, ne joue avec rien. Je compte les pieds qui passent dans la rue. Je ne vois pas plus haut que les jambes.
Ma mémoire est un puzzle, je tente depuis des années de rassembler les odeurs, les couleurs qui nous environnaient, et

mes sensations, dans l'espoir de faire apparaître un passé qui s'acharne à demeurer flou. La notion du temps m'échappe, et les morceaux de réalité dont peut se souvenir une enfant sont tellement minces. Des lambeaux de rêve, ou de cauchemar.

J'ai toujours été attirée par les couleurs. Une paire de chaussettes jaunes, mais elle ne rime avec rien, évidemment. Un gros petit bonhomme avec un chapeau boule, tout petit, une figure sévère, et un gros manteau. Il m'écarte, je le gêne, je dois être sur son passage. Il n'est pas sympathique.

Le goût du bleu de méthylène et la main fine de ma mère tenant un bâtonnet : « Fais Aaaa… » Je déteste, une petite brosse me gratte la gorge, c'est dégoûtant. Mais j'obéis, parce que c'est maman qui le fait.

Le film de ma vie avec mes parents est court, il se déroule avec des sauts d'images dans ce logement qui sent le moisi, où il fait sombre, et où ma seule lumière, c'est maman. Elle est fragile, angoissée, tellement apeurée. Je la vois rire aussi quand j'avale la grosse cuillerée d'huile de foie de morue. Elle rit parce que cette fois j'adore ça. Elle dit que cela donne des forces, et comme j'ai toujours faim, j'ouvre la bouche en grand et j'avale goulûment cette cuillerée plus grosse que mon gosier, et le rire de maman perle gaiement au-dessus de ma tête. C'est peut-être pour cela que j'avale, pour qu'elle rie et qu'elle soit heureuse ? Mais non, j'aime ça. Je peux tout manger.

Il n'y a pas de chauffage. Nous n'allons pas dehors, je porte des vêtements qui grattent, donnés. Ce ne sont pas de vrais et bons vêtements pour moi. Je regarde parfois mon reflet dans une vitre, car il n'y a pas de miroir. L'image est floue, comme un fantôme. Je me sens petite, costaud, carrée, forte, un peu brutale dans mes mouvements. Je me vois faisant de grands gestes pour jouer, tapant du pied. Trop de bruit, en tout cas.

— Ne fais pas de bruit, Mischke ! Arrête !

Et il y a Jules. Il est là, au milieu de la pièce presque vide, quand nous arrivons dans cette odeur de moisi. Quelqu'un l'a abandonné ici. Il devait y avoir un autre enfant avant moi. C'est un cheval de bois que j'ai moi-même baptisé Jules. Je ne joue qu'avec lui, je l'aime à la folie. Je me déshabille pour habiller Jules, et maman gronde une recommandation que je comprends ainsi : « Si je dois me rhabiller je n'en aurai pas le temps. »

Il y a donc une notion de danger dans cet interdit d'ôter mes vêtements pour déguiser Jules, mais je ne l'assimile pas réellement. Et je continue de me déshabiller pour habiller Jules.

Papa a dû travailler, mais peu de temps. Il sort avec une serviette à la main, il est employé à la commune, peut-être, mais ça ne dure pas longtemps.

Maman, elle, ne sort jamais. C'est papa qui rapporte des choses à manger. Et surtout un autre homme, qui s'appelle Gilles. Il est gai, et synonyme de nourriture. Il plaisante beaucoup, discute avec papa, il est très maigre, avec un visage anguleux, une petite figure comme une gentille souris, avec des cheveux sombres. Il parle français avec un fort accent belge. Il dépose des paquets de ravitaillement, et maman dit :

— Merci beaucoup, ça va aider.

Il vient souvent, pas tous les soirs mais presque. Mon père sort le soir, parfois avec lui, parfois sans lui. Je sais que c'est le soir, car c'est à l'heure où on ne peut plus sortir. J'ai déjà mangé et je suis en pyjama lorsque papa sort. Mon pyjama est blanc en molleton avec des petits motifs de couleurs. J'ai toujours les pieds nus, je marche pieds nus, peut-être pour ne pas faire de bruit ? Lorsque mes pieds sont froids, maman les prend dans ses mains pour les frotter et les réchauffer. Il y a aussi une bouillotte qu'elle emballe dans un linge.

Gilles est le seul étranger qui pénètre dans ce logement, il ne parle pas d'enfant, de femme ou de famille, avec papa, ils parlent de leurs « actions », mais je ne comprends pas ce mot.

— Papa, c'est quoi des actions ?

— Ce sont des papiers dans les banques…

Je sens qu'il invente cette explication pour moi. Souvent, lorsque je ne comprends pas ce qu'ils se racontent tous les deux, on me dit que ce sont des choses de grandes personnes.

Papa et maman se disputent parfois, car elle est souvent inquiète, mais dès que j'arrive ils abandonnent le français pour continuer en russe, en yiddish ou en allemand. Et je ne comprends plus rien. Alors je réclame :

— Maman, j'ai faim… maman, j'ai soif…

N'importe quoi pour arrêter cette discussion, et qu'ils s'occupent de moi. Je dois me sentir exclue de ce qui se passe, que je ne peux comprendre et qui tourne toujours autour de l'angoisse de maman. On ne dit pas grand-chose devant moi.

Nous dormons tous les trois dans le même lit. Cette fois, c'est un vrai lit, avec un sommier et un matelas, il a des pieds en bois comme des pattes d'animal. C'est un beau lit pour moi, assez haut pour que je me cache en dessous, j'adore faire ça, je me sens protégée, dans un univers à moi. Je vois passer les pieds de maman, des petites chaussures noires à talons plats, des bas, et des socquettes blanches retournées sur la cheville. Les chevilles sont fines, les jambes aussi. Maman est toujours fine dans mon souvenir. Moi, j'ai de grosses chevilles, des jambes solides comme un garçon, je ne lui ressemble pas. Elle est brune, je suis blonde, elle est mince, je suis carrée, elle est fragile, je suis forte. Maman me semble être quelqu'un qui peut se briser, pas moi. J'ai envie de la protéger, sans savoir de quoi.

— Sors de là, Mischke, tu vas te salir.

— Je joue…

Je joue seule tout le temps avec Jules ou sous le lit. Là, je suis dans une grotte et je me raconte des histoires. Jules le cheval garde l'entrée de la grotte, animal invincible il empêche tout le monde d'entrer. Je suis la reine des animaux, et ils me défendent, ils font tout ce que je leur dis de faire. Il y a des tigres et des serpents. Je sais parfaitement que les gens ont peur des serpents, alors je les trouve fantastiques. Je n'ai qu'à commander aux serpents, et ils vont tuer les boches, tous les boches, ce sera fini et moi je serai libérée.

Avec papa, nous jouons aussi à la guerre avec des pinces à linge. Cette année-là, pour moi c'est l'année de Jules, du balcon interdit et des soldats pinces à linge. Papa prend l'armée des boches, et moi l'autre. Mes soldats pinces à linge gagnent toujours la guerre. Je crie ·

— Poum ! Poum !

Et les soldats de papa tombent par terre, ils sont morts, j'ai la victoire. On recommence avec cette petite armée de bonshommes en bois à deux pattes qui se bagarrent. Je tape sur la table avec force, en renversant le dernier boche :
— Pan ! Tu es mort !
Papa soulève mon bras, en riant :
— Bravo, tu as gagné ! Tu es vainqueur !
Le pantalon de papa est bleu marine, il porte un blouson rugueux en gros tissu, et un foulard avec des dessins rouge sombre. Il est blond, avec des yeux très bleus. Sa joue pique quand je l'embrasse. Il a de grandes et larges mains. Elles touchent des papiers, bricolent, font courir les soldats de pinces à linge sur la table. Mon père est fort, il protège maman qui a toujours peur. Maman me raconte des histoires, *Le Chat botté* j'aime bien, pas *Le Petit Poucet*. *Barbe bleue* me fait peur, je n'en veux pas. Maman raconte bien *Le Chat botté* et papa aussi. J'entends la voix de ma mère, musicale, à l'accent russe et chantant, dire :
— C'est assez, maintenant. Papa continuera l'histoire tantôt...
Je ne vois pas de livres, à part un vague souvenir de Blondin et Cirage, un petit garçon blond et un tout noir, à qui il arrive des aventures extraordinaires. Je n'ai pas de livres d'école non plus. Je ne vais pas à l'école tous les jours. Mais, il y a eu d'autres écoles avant, et beaucoup d'endroits différents, il me semble. Je n'aime pas l'école. J'arrive comme un cheveu sur la soupe, et je ne comprends pas ce que je fais là. D'ailleurs, ça ne m'intéresse pas. J'ai un cahier, mais je ne vois rien d'écrit dedans. J'ignore si on m'envoie de temps en temps en classe pour une raison bien précise. Ne pas faire enrager mes parents à la maison ? Avoir l'air d'une enfant normale, belge, pas juive, comme les autres ? M'écarter du danger ?
Nous sommes juifs, cela, c'est une certitude. Maman fait des prières et allume des bougies. Elle met sur sa tête un voile blanc en dentelle, comme un petit triangle, et dit :
— Viens, on va prier pour papa... Viens, on va prier pour être heureux.

— Mischke, sois sage, ne fais pas de bruit, ne tape pas du pied, ne t'approche pas du balcon, le diable va te donner une gifle...

Un jour, pourtant, je suis sur ce balcon, maman est occupée ailleurs. J'ai ouvert la fenêtre, et je regarde la rue en bas. C'est une rue où toutes les maisons se ressemblent, laide.

Je me penche sur le balcon, il y a des passants, et je me mets à cracher sur eux, pour les atteindre. C'est un jeu amusant que je viens de découvrir. Gonfler la bouche, ramasser la salive et viser !

Papa arrive dans la rue, il voit tous ces crachats sur le trottoir, comme des étoiles. Il entre dans la pièce, il me dispute beaucoup, on referme la fenêtre, je prends une claque sur les fesses, et maman dit :

— Ce n'est pas bien, Mischke, ce que tu as fait là ! C'est défendu d'aller sur ce balcon ; si tu recommences, je ne t'aimerai plus !

Alors je vais me planter devant cette fenêtre close, les deux poings sur les hanches, et je réponds :

— Ben, ça fait rien ! Je m'aimerai moi-même !

Ils rient de ma réponse. Je dois avoir un fichu caractère. Et je m'ennuie tellement toute seule. Les interdits sont trop nombreux. Tout ce que l'on ne me dit pas, les choses qu'il ne faut pas faire, celles que je ne comprends pas.

Un jour je vois quelque chose qui me paraît terrible. Papa joue avec moi, puis il me laisse seule, l'air d'avoir quelque chose à faire. Il sort de la pièce. Je vais jusqu'au palier du logement, la porte est restée entrouverte. Il y a un vieux porte-manteau, mon père est devant. Il tient un fusil dans ses mains. Un autre fusil est caché derrière les manteaux.

Maman arrive très vite, ennuyée. Ils se disent des choses comme :

— *Fais attention, que la petite ne voie pas ça...*

Ou : *Ne fais pas cela devant la petite ! rentre ! rentre !*

Ma mémoire de cette scène, et de tant d'autres, est faite d'images et de sensations. Rarement de compréhension. Tout ce que je sais, c'est que maman ne veut pas que j'aie peur ou que l'on dise devant moi des choses inquiétantes. Elle me protège en permanence. Son image est bien plus forte que celle de papa. Peut-être parce qu'il est plus absent et qu'elle est toujours présente à mes côtés, tranquille, occupée à coudre, s'occupant exclusivement de moi. Tout ce que maman fait se passe délicatement, sans bruit, et dans le calme. Sa voix est douce comme une musique.

Elle ne crie pas, même lorsqu'elle me dispute :

— Ne saute pas comme ça ! Ne tape pas sur la table ! Ne t'approche pas de ce balcon ! Arrête de te regarder dans cette fenêtre, le diable va te donner une gifle !

Elle fait chauffer de l'eau et la verse dans une petite bassine pour me laver. Elle est trop petite pour que j'y trempe complètement. Il faut commencer par les bras, puis ensuite les jambes, et en dernier maman dit en souriant :

— Maintenant, on va laver ton petit pet !

Si papa arrive à ce moment-là, mais c'est rare, lui dit :

— N'oublie pas de laver ta petite lune...

Parfois maman a autre chose à faire, ou alors j'ai grandi :

— Débrouille-toi, maintenant tu es grande ! Mais montre-moi bien comment tu dois faire !

Je montre les bras d'abord, puis les jambes, et je répète comme papa :

— Et après on lave la petite lune !

— Oh, Mischke ! Tu n'es pas...

Je ne sais pas ce que je ne suis pas. Polie ? Sage ? En tout cas, elle trouve ou que je parle mal, ou que je ne suis pas une vraie petite fille bien élevée.

Maman est tendre, si douce. Je l'aime tellement ! Bien plus que mon père. Je l'entends fredonner une chanson en russe, tandis qu'elle me berce sur ses genoux. Un air triste et nostalgique, si joli. Un jour je demande ce que racontent les paroles, ça m'embête de ne pas comprendre.

— Voilà, ça veut dire... ça :

« N'aie pas peur, ma petite enfant, je suis là pour te protéger... Il ne faut pas avoir peur, ma petite fille... je suis près de toi... ne crains rien... laisse les soucis et les pleurs... »

C'est probablement une berceuse. Mais je ne me rappelle plus vraiment. J'entends la voix dans ma tête, les mots russes fredonnés à voix basse, puis les mots en français avec cet accent particulier comme une musique qui enrobe les phrases de «r».

Si seulement un jour je pouvais entendre à nouveau cet air-là. Je le reconnaîtrais sûrement ; j'ai essayé de le reproduire, en vain, et pourtant je *l'entends* dans ma tête.

Le soir, blottie à côté d'elle pour m'endormir, je prends son oreille entre mes doigts, et je la caresse inlassablement entre le pouce et l'index. Comme si je tétais quelque chose de la main. Je fais cela sans arrêt, tout le temps, c'est mon souvenir le plus fort, le plus doux, et le plus précieux aussi. Maman a une oreille si douce. Ce geste machinal répétitif, de bébé accroché à sa mère, va me manquer pour toujours. Plus tard je le reproduirai sur ma propre oreille, je le fais encore aujourd'hui. Qui d'autre qu'une mère peut autoriser une caresse aussi intime ?

Couchée entre papa et maman, je ronronne comme un chat, et papa grogne un peu :

— Mais elle va faire ça encore longtemps ? Jusqu'à ce qu'elle ait vingt ans ?

Ils ne verront pas mes vingt ans, ni mes dix ans, ni mes huit ans. Ils vont disparaître tous les deux, ne me laissant que ces fragments de souvenirs éparpillés dans ma tête, des poussières, des lambeaux que je traîne encore avec moi dans ma mémoire en guenilles. L'oreille de maman est un souvenir obsessionnel.

Je suis dans ce lit, entre mon père et ma mère, à l'abri, au chaud entre leurs deux corps, je tripote avec délices son oreille, jusqu'à ce qu'elle devienne rouge et chaude, alors je change d'oreille. Voilà mon seul héritage. L'oreille de maman. Plus tard, j'ai cherché à retrouver son odeur, à fixer définitivement son visage, mais il s'est éloigné lentement, désagrégé ; je ne vois plus que de beaux cheveux noirs, une douceur, une jolie robe claire, un fantôme de légèreté et de bonheur.

J'ai sept ans et des poussières. Trop petite pour emmagasiner autre chose dans ma cervelle que des images, des sensations, et de l'amour. J'aime ma mère absolument ; totalement. Mon père aussi, mais il est moins proche physiquement. Et je n'ai pas beaucoup d'adjectifs pour le dessiner dans ma mémoire. Blond, de larges mains, rien d'autre.

Pour maman je dis : belle, brune, douce, fine, tendre, fragile, angoissée et protectrice. Russe. J'aime le russe, je me sens russe.

Petite, je n'ai retenu que quelques mots, rares : «Doucha Maya...» c'était pour maman : «ma chérie», ma «douce». «Kak ouvas diela», «Comment vas-tu?»; «Adin, dva, tchetiriè...» «Un, deux, trois...». Elle ne cherche pas à m'apprendre sa langue ni le yiddish. Papa non plus. D'ailleurs, je n'aime pas l'allemand.

Leurs trois langages différents du mien leur servent très souvent à discuter des choses que je ne dois pas savoir. Mais je sais parfaitement reconnaître à l'oreille quelle langue ils utilisent alors. Russe, yiddish ou allemand, je suis écartée de leurs soucis. Ils semblent craindre mon caractère, mon impétuosité et ma naïveté d'enfant. La manière parfois violente dont je joue ou cogne du pied dans la porte quand je ne suis pas contente. Je ne suis pas méchante, mais impulsive, forte, brimée d'être enfermée, m'ennuyant seule, jouant seule, ou avec Jules, jamais de poupée. Ne connaissant pas d'autres enfants, n'ayant rien dans cet environnement triste pour exprimer ma fureur de vivre.

Une fois seulement, papa m'emmène en promenade dans un parc. Je suis encore plus petite, il me semble. Il y a des cygnes sur un étang, un petit âne et des chemins, on passe au-dessus d'un ruisseau, sur des pierres bien alignées. C'est si beau. Je demande si nous reviendrons en promenade dans ce parc, papa répond oui.

Mais nous n'allons plus jamais en promenade.

L'année de l'appartement qui sent le moisi, des pinces à linge, de Jules et du balcon serait l'année 1941. Nous vivons dans ce logement pauvre du quartier de Schaerbeek non loin de la gare du Nord, à Bruxelles. Lorsque je vais à l'école, c'est papa qui m'y conduit et vient me rechercher.

Le seul trajet dont je me souvienne est celui de l'école. Il est assez court. Aucune idée de ce que je fais là, si j'apprends quelque chose. Aucun visage.

Dans cette école, un jour bizarre : Une femme vient me

prendre par la main et m'emmène très vite. Elle me cache dans un placard, referme la porte à clé en disant :

— Ne bouge pas et ne dis rien, surtout sois sage, et attends. Tu as compris ? Ne fais pas de bruit !

Il fait noir, là-dedans ; j'obéis, pas tranquille du tout dans ce cagibi. Cela dure longtemps, ou pas très longtemps... c'est long pour moi, en tout cas. Et puis elle vient me rechercher. C'est tout.

Autre jour très angoissant. Je suis en train de jouer sur le cheval de bois qui s'appelle Jules et maman me tend les bras :

— Mischke, viens ici, viens voir maman.

Je m'approche. Elle me cale entre ses jambes, ses deux mains autour de ma taille, fermement, et me regarde dans les yeux. Elle me dit d'écouter attentivement.

— Mischke, si un jour quelqu'un d'autre que papa vient te chercher à l'école... Une dame inconnue, si cette dame te dit : « Mischke, tu dois venir avec moi », il faudra obéir tout de suite. Tu as compris ? Tu le feras pour maman ? Jure-le à maman.

— Oui, maman.

— Jure-le encore, Mischke... Tu sais que tu n'écoutes pas toujours ce que je te dis... Si quelqu'un vient te chercher, tu iras... jure-le moi...

— Je te le jure, maman, je te le jure sur ma tête !

Elle le répète plusieurs fois, tant elle veut que je l'écoute.

Ce n'est pas longtemps avant l'histoire de l'école, quelques jours ou quelques semaines, elle a peur, moi aussi. Je veux de moins en moins aller à l'école. Je veux rester là auprès d'elle. Un pressentiment.

Je revois sa robe claire avec de gros pois rouge sombre, un petit boléro en même tissu qu'elle avait fait elle-même. Ce n'est pas une robe d'hiver ni d'été. Ni chaud ni froid dans la pièce. Matin ou soir ?

Mon père et ma mère sont très tendres. Papa met le bras autour des épaules de maman, ou alors, derrière elle, la poitrine contre son dos, il l'entoure de ses bras. Je le repousse pour prendre sa place, et il rit, son visage dans les longs cheveux noirs de maman. Parfois, elle les tourne en chignon sur la nuque. Sa peau est mate. Comme une gitane. Il est blond aux yeux bleus. Ils ont l'air de danser d'amour ensemble, et je suis jalouse.

— Jure-le à maman, Mischke...
— Je te le jure sur ma tête.
Et je retourne à mon jeu. Maman n'avait pas voulu me faire peur, elle ne voulait pas que j'aie peur, jamais. Je pense que cette fois-là elle a voulu faire entrer cette phrase dans ma tête, définitivement, pour que j'obéisse. Parce que je n'étais peut-être pas toujours obéissante, parce que j'étais petite, que je ne savais encore rien de bien précis sur la guerre à part les méchants boches, les nazis, et que nous étions juifs. Mais je n'ai jamais vu d'étoile sur les vêtements de mes parents. Maman ne sortait jamais, et le manteau de mon père était sombre, sans rien dessus. Celui de son ami Gilles, qui apportait de la nourriture, n'en portait pas non plus. Il était sûrement belge, et sûrement juif, je le voyais et le ressentais.

Je savais que les Allemands détestaient les juifs. Qu'ils tuaient beaucoup de gens. Je connaissais les uniformes nazis pour les avoir vus dans la rue. Si maman ne sortait jamais, et moi presque pas, c'est que nous nous cachions d'eux. Si mon père et ce Gilles faisaient des « actions », c'étaient forcément contre les « boches ». J'ignore lesquelles, je n'ai vu que les fusils.

Un jour maman dit :
— Reuven, n'y va pas, c'est dangereux..
Elle est si angoissée que je dis à mon tour :
— Papa n'y va pas... reste !
Gilles plaisante, comme toujours :
— Très bien, petite ! Alors, comme ça, tu ne veux pas qu'on s'en aille ? Eh bien moi, je vais rester ici avec ta maman...
Il met ses bras autour d'elle, je suis furieuse et le repousse :
— Va-t'en ! Va-t'en !
C'est ma maman à moi, personne ne doit me la prendre. Elle m'appartient totalement. Je ne vis qu'avec elle, en fonction

d'elle, dans son odeur, sur ses genoux, blottie contre sa poitrine. Je caresse son oreille entre mes doigts. Pas d'autre univers.

Je vois aussi maman avec de l'argent dans les mains, des billets. Ils sont dans une enveloppe qu'elle range dans le tiroir de la table de nuit à côté de notre lit. Je revois bien ce geste, le petit tiroir plat, l'enveloppe, les billets, et je ne la vois pas en prendre toujours en mettre.

J'ignore le nom de l'école où je vais. Elle n'est pas loin de la maison. Cette maison est petite, étroite, il faut monter trois ou quatre marches pour accéder au rez-de-chaussée. Je n'y vois personne d'autre que nous. Il faut monter au premier étage jusqu'au palier où j'ai vu les fusils. Là est notre logement. C'est misérable, les meubles ne sont pas à nous. Il n'y a qu'une fenêtre étroite qui donne sur une cour, et ce balcon défendu sur la rue.

Pour aller à l'école, papa et moi descendons une rue en pente, ensuite il y a un tournant pour prendre une autre rue où passe un tram, et l'école est un peu plus loin. Les maisons sont laides, sans couleurs, elles se ressemblent toutes, c'est gris et triste. Aucun repère particulier.

Je me souviens de l'école beaucoup mieux, c'est le dernier endroit de mes souvenirs. Là, je me suis retrouvée seule, abandonnée pour la première fois. Je peux encore la dessiner. L'entrée est énorme, sévère, en grosses pierres, le bâtiment orné de grandes fenêtres avec des grillages. On accède au perron par trois marches de pierre grise, presque bleue (du grès, je suppose). Le portail est en bois sombre, puis on longe un corridor, large, mais le trajet est court. Ensuite il y a une autre porte. Là, on accède à la cour de l'école, pavée, avec de petits îlots de terre où poussent des arbres. Le bâtiment des classes est de l'autre côté de cette cour.

Je m'assieds sur les pavés, dans cette cour, et je compte les feuilles tombées à terre. Comme je comptais les pieds des passants quand j'étais dans la cave. Je les mets en tas, j'observe leur forme, les rainures, la couleur. Compter les choses est un jeu solitaire, un jeu d'ennui profond. Je ne joue pas avec d'autres enfants, dans cette cour. Je les regarde simplement de loin sauter à la corde, ou courir. Sans envie de m'approcher d'eux. À moins qu'on me l'ait défendu ? Les autres filles ne sont pas plus âgées, pas plus jeunes. Parfois la cloche sonne et une dame vient me chercher pour me faire entrer en classe. Ça m'embête d'être là. Pourquoi je ne suis pas avec maman ?

Parfois maman dit :

— Tu peux rester à la maison aujourd'hui, et dormir.

Pourquoi ? Je n'en sais rien. Mais je suis très contente, trop pour poser des questions.

Je ne veux plus aller à l'école, quitter maman, j'ai peur.

2

La dame en noir

Ce jour-là je regarde mes pieds, assise sur les marches du perron de l'école, les fesses sur la pierre froide. J'attends mon père qui ne vient pas, je compte dans ma tête. Un jeu de patience, qui aide à attendre ; moi qui suis tellement impulsive, j'ai du mal à attendre.

Si je compte jusqu'à vingt il va arriver. Alors je ferme les yeux et je compte... un... deux... 10... 18... À vingt, j'ouvre les yeux, et papa va être là ! c'est magique !

Il n'y a personne, la rue est presque vide, je ne vois rien arriver au loin, je recompte. Il est en retard, il va arriver, je m'embête, je recompte. Un... deux... trois... toujours rien. Inlassablement je recompte, je rallonge le nombre à atteindre, je vais compter jusqu'à 28, cette fois ça va marcher. Les yeux fermés serrés très fort... Mais ça ne marche toujours pas. La prochaine fois sera la bonne. Il va arriver, il portera son blouson, son écharpe aux dessins rouges, sa joue rugueuse recevra un baiser, sa grande main prendra la mienne, et je marcherai vers la maison, vers maman. En attendant papa je ne dois pas bouger de là, c'est défendu.

Je ne l'ai pas vue arriver, cette grande femme inconnue tout habillée de noir. Elle se penche vers moi :

— Tu t'appelles Mischke ? Donne-moi la main, vite, on s'en va... Allez, il faut que tu viennes avec moi !

— Où est mon papa ?

— Chtt, tais-toi. Sois sage et avance !

Elle a l'air pressé, ennuyé, et me tire par la main, pour m'arracher aux marches de pierre. Nous longeons le trottoir devant le bâtiment de l'école, puis la ligne de tramway que nous suivons d'habitude avec papa. Nous allons atteindre le tournant qui mène à la rue montante, celle qui grimpe vers la maison. Mais, au lieu de m'y conduire, elle traverse très vite le croisement en regardant autour d'elle avec inquiétude, ma main toujours coincée dans la sienne. Alors je me dévisse le cou pour regarder en arrière.

Jamais je n'oublierai ce que j'ai vu en quelques secondes. Un camion bâché, des uniformes qui s'agitent autour, du monde, des voix en colère et des cris.

— Avance ! Ne regarde pas !

Le cou toujours tordu, j'enregistre l'affolement de ces gens, je crois avoir vu tomber quelqu'un par terre. Qu'est-ce qui se passe ?

Cette femme en noir a peur, me tire par la main, accélère le pas, m'obligeant presque à courir à côté d'elle. La rue montante disparaît à mes yeux, mais j'entends toujours le tumulte, les voix fortes, en activant mes petites jambes à côté du manteau noir. J'ai envie de questionner, mais la femme en noir, le visage fermé, le regard droit devant elle, m'impose le silence par son silence.

Nous arrivons à un arrêt de tram, elle sort un porte-monnaie pour y prendre des pièces, et guette l'arrivée de ce tram avec impatience. J'ai compris qu'il ne fallait pas parler, ne rien demander, suivre cette femme noire, aller sagement où elle m'emmène. Mes parents sont peut-être là-bas. On m'expliquera plus tard.

Le tramway jaune arrive enfin, le numéro 56. Nous ne sommes pas loin de ma rue et j'ai vu souvent passer les wagons qui grincent du numéro 56. Dans un sens il va à la gare du Nord, vers chez nous, dans l'autre à la gare du Midi. La dame en noir me pousse sur les marches hautes, nous allons nous asseoir, le tram repart, et je regarde par la fenêtre disparaître le seul endroit que je connais à Bruxelles. Le tram nous entraîne dans le sens inverse de la maison, il tangue au milieu de rues inconnues, je suis en détresse, silencieuse, repliée sur l'angoisse que représente cette femme inconnue, ce trajet inconnu, et l'absence inexpliquée de papa. Maman disait : «dangereux»... Le dangereux est arrivé? Elle disait : «Tu dois obéir, jure-le à maman.»

Je vois passer un marchand de poissons, un camion de laitier, des gens qui marchent, des chiens, des bicyclettes. À chaque arrêt je me demande si nous allons descendre, la femme ne me regarde pas, ne me parle pas. Puis je vois des lions en pierre sur une place que je connais... Toujours le silence et la peur qui monte dans l'estomac. Enfin le tramway s'arrête au terminus, c'est un rond-point bordé d'arbres, où les wagons tournent pour reprendre la direction d'où nous venions. Il faut descendre. La femme attend que les derniers passagers quittent le tram. Maintenant nous marchons toujours en silence, elle se dirige hors du centre de la ville et a lâché ma main. Je la suis sans rechigner, au travers d'un quartier riche. Je n'ai jamais vu d'endroit comme celui-là. De grandes et belles maisons bien espacées, au contraire de celles de ma rue où elles sont minuscules et serrées les unes contre les autres.

Nous traversons un parc, très beau, très propre; il y a des fleurs roses dans les branches des arbres. Cet endroit est si joli qu'il n'a rien d'inquiétant, et j'ai moins peur. J'imagine qu'après ce parc je vais voir mes parents, ils vont me tendre les bras, et alors je vais comprendre. Si les fleurs sont dans les arbres, c'est que nous sommes probablement au printemps. Voilà pourquoi, depuis ce jour, je n'aime pas le printemps, sans doute?

Après le parc le décor change encore. Les rues sont plus étroites, les maisons massives en briques rouges se ressemblent à nouveau. Il n'y a pas d'arbres, pas de fleurs, pas de promeneurs. Je n'aime pas cet endroit, il est triste. Nous longeons un mur très haut, un mur d'usine il me semble, puis d'autres maisons, et la femme sort un papier de sa poche, commence à examiner les numéros inscrits sur les portes, qu'elle vérifie en marmonnant.

— C'est là.

Je vois une façade en brique, des petites fenêtres, avec des rideaux bien tirés, de chaque côté de la porte. Soudain, je refuse d'entrer, je voudrais repartir en courant, refaire le chemin en sens inverse, et retrouver mes parents. Il ne me paraît pas possible qu'ils soient là, à m'attendre derrière cette porte. Je veux m'en aller. La femme en noir s'en aperçoit à mon recul instinctif. Elle tend la main et ordonne avec impatience :

— Tu dois venir avec moi ! Allez !

Elle sonne, et nous attendons devant cette porte. J'entends un verrou. Une femme apparaît. Son visage est large, rond et tout plat. On dirait qu'elle n'a pas de cou, et ses épaules sont carrées. De curieux cheveux ondulés très brillants, avec des reflets bleus. Cette femme est peinte, déguisée. Elle s'adresse à l'autre en demandant si tout est réglé. L'air soupçonneux. Comme l'autre répond oui, elle nous fait entrer. J'avance en traînant des jambes et de la tête. Je n'aime pas cette femme, au premier regard, elle m'a désorientée. Nous descendons quelques marches, les deux femmes vont s'asseoir au bout d'une longue table, sans se préoccuper de moi. Elles discutent à voix basse, me jettent de temps en temps un regard. Autour de moi les murs sont tout blancs, il y a deux tableaux accrochés, l'un représente un paysage et l'autre une coupe de fruits aux couleurs agressives. Tout est impeccablement propre, la table de bois brille, je sens l'odeur de la cire et celle de l'eau de Javel. Elles discutent toujours, et j'entends alors cette phrase au milieu du reste :

— Les parents ont été arrêtés… dénonciation…

La révélation brutale me pétrifie. Je comprends parfaitement et immédiatement. L'angoisse permanente de ma mère, c'était cela. Papa a même évoqué ce mot de « dénonciation » une fois, qui n'avait guère de sens alors, mais vient d'en prendre un. Je peux recoller instantanément tous les morceaux du danger qui rôdait autour de nous, sans que je le réalise. Le camion dans ma rue, les uniformes, les cris, cette femme en noir qui m'entraîne… Arrêtés par les boches, les nazis. Mes parents. Presque sous mes yeux…

Je suis toute seule. Je savais bien qu'ils ne seraient pas dans cette maison, je le sentais. Pourquoi ne m'a t-elle pas laissée courir dans ma rue, cette femme en noir ? Je serais encore avec eux !

Les deux femmes discutent toujours, celle en noir donne une grosse enveloppe à l'autre, qui s'appelle Mme Valle et qui demande :
— Tout est en ordre ?
Elle ouvre, compte les billets rapidement. Je comprends parfaitement que cet argent vient de mes parents. La femme en noir dit, sans se préoccuper de ma présence :
— C'est une enfant qui n'est pas facile...
Je me sens coupable. Le diable m'a donné une gifle. Comme si l'arrestation de mes parents était de ma faute. Je suis une vilaine fille.
— Ici, elle rentrera dans le rang !
Cette expression m'est inconnue, mais elle résonne comme une menace. La femme en noir s'en va. En passant devant moi elle dit seulement :
— Bonne chance !
Elle me laisse là avec cette inconnue, sans rien expliquer, alors que je meurs d'envie qu'on me dise ce qui va m'arriver. Elle s'en moque. Elle me pose là comme un paquet, avec de l'argent, sans faire autrement attention à moi. Et je n'ose ni bouger ni crier : « Où est maman ? Où est papa ? »
Je garde ma peur, je la consolide, en regardant partir le seul lien qui me retenait à eux. Elle sait des choses qui me concernent. Je lui en veux de ne pas me parler. Elle aurait dû me dire des choses, que je comprenne ce qui m'arrive.
« Les parents ont été arrêtés »... et c'est tout ! Moi, je ne sais pas ce que l'on fait des parents qu'on arrête ni où on les emmène. Pourquoi, ça je sais. Ils sont juifs. Mais après ? Moi aussi je suis juive. On donne les enfants juifs à d'autres gens avec de l'argent ? Cette femme doit me protéger ? Mais je n'aime pas cette femme, c'est une inconnue. J'ai peur, moi.
Mme Valle appelle quelqu'un :
— Janine !
Une grosse fille au visage vulgaire, sans beauté, avec des cheveux très noirs, arrive.
— Conduisez-la en haut et montrez-lui sa chambre.
Cette Janine me fait monter un escalier. À l'étage une porte

est entrouverte. J'aperçois des outils étranges, luisants, posés un peu partout dans une pièce. Janine dit d'un air important que c'est le bureau du docteur, et qu'il est dentiste.

Nous montons encore un escalier, tout en haut de la maison. Sur le palier, elle me montre un rideau qui protège un recoin. Derrière il y a un lit étroit, une commode. Une petite lucarne dans le plafond laisse passer de la lumière. Si on tire le rideau, on ne voit plus l'escalier. C'est là qu'on m'installe. Janine dit que Madame va monter bientôt.

Je reste les bras ballants à regarder cette lucarne, qu'on ne peut pas ouvrir. Je grimpe sur le lit et tends le cou pour voir dehors, mais le dehors ne montre que des toits et des gouttières.

Un énorme besoin de pleurer me jette sur le lit.

MmeValle monte l'escalier, portant un paquet de vêtements qu'elle pose sur la commode.

— Tu vas changer de vêtements, pour ta sécurité. Et il faut enlever cette chaîne de ton cou. Donne-la ! Dépêche-toi !

Elle la prend elle-même, c'est le seul bijou que je porte. Elle m'arrache aussi ma trousse d'école. La seule chose que je possède en propre. Une trousse en forme de petit chien, et qui contient quelques crayons.

— Allez ! Déshabille-toi et enfile ça !

Une jupe raide, un chemisier raide, amidonné.

— Quand tu seras habillée convenablement, tu descendras pour le dîner.

Je me fiche de ses vêtements, ils sont moches et raides. Je veux ma mère. Au moins qu'elle m'en parle, cette femme sans cou avec ses cheveux mauves. J'ai vu ses yeux, gris pâle, bizarrement rapprochés, avec des sourcils à peine visibles au-dessus. Elle a demandé si « tout était réglé » d'un air qui ne m'a pas plu. Elle a pris l'argent de mes parents, mais moi elle ne me prend pas. Elle me met dans un coin de sa maison, me dépouille des vêtements que maman m'a enfilés ce matin, de ma chaîne d'or et de ma trousse. Et elle s'en va comme si je n'existais plus. Mon histoire ne l'intéresse pas, elle ne connaît pas ma mère ni mon père, elle ne connaît que cette enveloppe avec l'argent qu'elle contient. Je suis dans le vide, je pleure dans le vide, elle s'en moque.

Qu'est-ce que j'ai fait de mal pour qu'on ait arrêté mes parents ? J'ai désobéi ? J'ai parfois dans le cœur comme un couteau, le sentiment terrible que ce malheur est de ma faute. On m'a pris mes parents parce que je n'ai pas été sage ?

Janine appelle dans l'escalier :

— Alors ? Tu descends ? On t'attend !

Maman a dit que, si quelqu'un venait me chercher, je devais obéir. J'enfile les vêtements avec gêne, ils ne me correspondent pas, je n'ai pas l'habitude d'être habillée comme ça, avec des tissus aussi raides. Je me sens laide et vilaine là-dedans.

Il y a de bonnes odeurs de cuisine, en bas, et j'ai faim. La salle à manger est tout éclairée, la table recouverte d'une nappe blanche, d'assiettes étincelantes. Mme Valle me présente à son mari le dentiste. Il est grand, sa figure est rouge de petits vaisseaux éclatés. Des épaules tombantes, étroites, l'air d'obéir à cette femme. Elle me présente son fils, Léopold. Il a vingt ans, et le bas de son visage ressemble à celui d'un chameau. Il me regarde quelques secondes, et m'ignore aussitôt. Lui aussi a l'air d'obéir, comme son père et la bonne Janine. Le chef, ici, c'est Mme Valle. Elle parle en donnant des ordres : assieds-toi, prends ça, ne fais pas ça... et les autres font ce qu'elle dit.

Je m'assieds et attends avec impatience ce que Janine va poser sur cette table. Arrive un plat chaud avec de la viande. Je n'en ai jamais vu de pareil à la maison. Il y a des galettes de pommes de terre et des carottes au miel, et aussi du chou dans une sauce épaisse à la crème. Du pain frais, une grande jatte de beurre.

Je mange vite. M. Valle chantonne tout seul. Il répète un mot sur tous les tons :

— Bonjour... booonjouurr, bonjourrrr, bon-on-jou-our... e !

Je ne comprends pas pourquoi il fait cela, mais il arrive à me faire sourire. Les deux autres n'y font pas attention. La mère et le fils discutent entre eux, mais au bout d'un moment, elle s'énerve :

— C'est vraiment nécessaire ?

— Pardon, Marguerite...
Il se tait un instant, mais recommence très vite.
Je mange toujours. Jamais je n'ai mangé de choses aussi bonnes, si différentes et en telle quantité. Je racle la viande avec mon pain, jusqu'à la dernière goutte de sauce. Mme Valle me regarde bizarrement, et demande tout à coup :
— Tu sais ce que c'est, cette viande ?
— Non.
— Tu l'aimes ?
— Oui, c'est bon.
— C'est du cochon !
Et elle rit en montrant des tas de dents en or. Je ne les avais pas remarquées avant ; c'est fascinant, tout cet or dans une bouche. Le fils Léopold rit aussi, et Janine, alors je ris avec eux, pour faire comme eux, pour être polie, et remercier de toute cette nourriture.

Je n'ai pas compris, à ce moment-là, le sens de leur hilarité. Ça les amusait vraiment de se moquer d'une petite fille juive qui mange le cochon qu'on lui donne ? J'aurais mangé n'importe quoi, de toute façon, j'avais toujours faim.

Je pleure toute la nuit, le ventre plein, et le cœur vide. Janine a dû m'entendre car elle le répète à Mme Valle le lendemain matin, au petit déjeuner. J'étais épuisée de chagrin, d'angoisse, j'appelais ma mère en silence. Janine traduit :
— J'ai pas pu fermer l'œil de la nuit, tellement elle pleurait fort !
Mme Valle me jette un coup d'œil sévère, comme si je m'étais mal comportée. On ne doit pas pleurer dans cette maison, on doit être contente de s'y trouver. Il y a encore plein de bonnes choses sur la table. De gros pains dorés, et surtout un pot de confitures de fraises. Léopold dit d'un air très fier que sa mère fait tout dans la maison, tout dans la cuisine. La confiture, c'est elle, le pain, c'est elle.

Son mari découpe une grosse tranche de pain qu'il pose dans mon assiette. J'attends la confiture. J'en ai déjà mangé, mais pas souvent, et c'était il y a longtemps.

J'aime tant le sucre que j'étale sur le pain une énorme

cuillerée de la belle confiture bien épaisse, rouge, luisante des petites graines de fraise. J'ouvre la bouche pour mordre dans ce délice, et Mme Valle me l'arrache brusquement !

— Regardez ça ! Non, mais vous vous rendez compte de ce qu'elle a pris ! Elle va nous ruiner !

Elle racle la confiture avec son couteau, la remet dans le pot, racle encore et encore, jusqu'à ce qu'il ne reste plus qu'une couleur rosée sur la mie, et me rend la tartine.

Je la hais, à ce moment-là. Si violemment, que je n'oublierai jamais cette tartine de toute ma vie. Je suis humiliée, rejetée, ramenée à ma condition de pauvresse, de juive que l'on accepte d'avoir chez soi contre de l'argent, mais qui ne doit pas faire comme les autres ni se gaver de confiture. Je mange ma tartine, rose de ce qu'elle a bien voulu me laisser.

À partir de cet instant, cette femme est mon ennemie. Je me fiche pas mal de sa sollicitude, j'ai compris. Ce n'est pas moi qui compte, ce n'est pas de la charité naturelle, elle n'accueille pas chez elle avec tendresse une gamine de sept ans à qui « on » vient d'arracher son père et sa mère. Elle fait une chose contre de l'argent. Celui de mes parents, qu'ils ont gardé pour moi, conscients du danger, afin de me préserver, de me sauver. Cette femme est mauvaise, sèche, autoritaire et mesquine. Sa bonne dort dans une vraie chambre, grande et claire avec une fenêtre et une porte. Moi dans un cagibi sur le palier. Son fils peut se remplir le gosier de confiture, pas moi. Jamais elle ne parle de mes parents pour me rassurer. Elle ne s'occupe pas de la catastrophe dans laquelle je vis en permanence, de l'angoisse qui brouille ma cervelle de petite fille.

Où sont-ils... Où est maman, est-ce que je vais les revoir ? Rien, pas un tout petit morceau d'espoir. Comme la confiture qu'elle a remise dans le pot, elle racle tout de mon être. Ma peur, les larmes, l'incertitude, l'espoir de voir s'ouvrir la porte et que maman apparaisse.

— Nous allons faire une photo de toi, pour ta nouvelle identité. Il faut changer de nom. C'est quoi ce surnom qu'on te donne ?

— Mischke...

— On va t'appeler Monique. Il faut faire quelque chose avec ces cheveux, ils te tombent sur la figure. Une petite fille doit avoir les cheveux bien coiffés en arrière, comme moi. C'est plus convenable, et plus chic. Donc tu vas t'appeler Monique Valle. Tu as cinq ans, comme ça personne ne te reconnaîtra. Et tu me diras maman. C'est compris ?

Jamais. Je ne pourrais jamais appeler cette bonne femme «maman». Elle est folle ! On n'appelle pas n'importe qui maman ! Pourquoi d'abord ? On ne change pas de maman !

Ma sécurité... Certes, elle en parle, mais je ne peux pas associer dans ma tête de sept ans le fait de l'appeler maman avec sécurité. C'est même tout le contraire de la sécurité, cette femme.

Il y a encore d'autres choses à faire, surtout à ne pas faire : Ne pas ouvrir les placards, ne pas prendre de nourriture toute seule, attendre pour manger qu'on me serve à table la quantité voulue. Je suis trop goinfre, je mange mal, je suis mal éduquée.

Je n'irai pas non plus à l'école, c'est trop dangereux, mais ça, je m'en fiche bien. Par contre, je ne dois pas rester sans rien faire non plus, comme une paresseuse. Je vais aider au ménage et à la couture. J'irai plusieurs fois par semaine à la ferme du grand-père, qui n'est pas loin, chercher du ravitaillement, des œufs, des légumes et du lait.

Ce grand-père dont elle parle est, en fait, l'oncle de son mari le dentiste. Mais tout le monde l'appelle grand-père. Et il a une femme.

Madame me conduit dans un magasin de photo, après m'avoir coiffée et habillée à son goût. Un grand nœud dans les cheveux, qui tente de retenir ma frange en arrière. Une robe avec un col qui me serre le cou et sous les bras. Je me sens ridicule. Maman ne m'habillait pas comme ça, comme une poupée. J'avais souvent les cheveux en broussaille, la plupart du temps je traînais sous le lit avec Jules, moi en pyjama, lui habillé d'une robe toute simple que maman avait fait elle-même. Devant ce photographe, je ressemble aux poupées des vitrines. Mon corps solide, carré, éclate dans cette robe. Comme le désespoir qui tambourine dans ma tête.

Après la photo, on m'explique encore que j'ai cinq ans. C'est très important.

— Tu es petite, tu as encore l'air d'un bébé, personne ne s'en doutera. Tu seras ma fille...

Je suis petite, c'est vrai, mais je me moque bien de ses explications. Est-ce que ma mère me retrouvera, habillée comme ça, avec ce nom idiot, Monique Valle ?

Je me débrouille pour ne pas appeler cette femme maman, ni madame. Je ne l'appelle pas, tout simplement. Je dis oui ou non, ou merci...

— Merci qui ? mal polie ! Oui qui ? Oui, maman !

Ça, jamais !

Les choses vont trop vite. On ne me laisse même pas le temps de pleurer, personne ne me console. C'est terrible, une solitude aussi brutale.

Léopold m'emmène à la ferme pour la première fois. Il doit me montrer le chemin du ravitaillement que je ferai ensuite toute seule. Il faut marcher environ une demi-heure, peut-être un peu plus. Mais je marche bien, je ne suis pas une enfant débile, ou faible, c'est tout le contraire. J'ai de la force en moi, une force que je ne soupçonnais même pas. Elle était là depuis ma naissance, j'ignore de qui je la tiens, peut-être de mon père, maman avait l'air si fragile.

Le chemin de la ferme est un régal. Pour la première fois, depuis si longtemps que je ne m'en souviens plus, je marche en liberté ou presque. Il y a plein d'odeurs, ça sent la terre, l'herbe, le fumier, le vent. Le bâtiment me paraît grand, et tout blanc. On entend un bruit bizarre à l'intérieur, Léopold dit que c'est Marthe, la femme du grand-père, qui fait de la couture avec une machine à coudre à pédale.

Le grand-père est dans le potager. J'aperçois un grand bonhomme, l'air ronchon, une crinière de cheveux déjà gris, une moustache grise, et une pipe impressionnante accrochée à cette moustache. Il me paraît très vieux, mais je ne connais personne qui ait plus de trente ans. Ce doit être l'âge de mes parents, je sais en tout cas qu'ils ont tous les deux le même âge, ils me l'ont dit.

Ce vieux monsieur n'a pas l'air très content de me voir, il bougonne, m'examine de près, des pieds à la tête, dans ma robe ridicule. Finalement, il n'a pas l'air si méchant. Il porte des pantalons larges et des sabots, une chemise ouverte. Il n'a pas l'air d'apprécier Léopold, en tout cas. Il l'invite à entrer dans la cuisine d'un air maussade.

C'est une grande cuisine, avec un sol de pierre, un énorme poêle en fonte, et une pile de bûches à côté.

La femme du grand-père est assise devant la machine à coudre. Elle se lève. Je la trouve grande, elle aussi, forte, avec une poitrine imposante. Elle est vieille comme le grand-père, ses cheveux sont bruns parsemés de gris, coiffés en chignon. Elle essuie ses deux mains sur un grand tablier blanc, s'approche avec un sourire, et Léopold dit :

— Je vous présente Monique.

J'ai souri au grand-père aussi, mais lui ne m'a pas rendu de sourire. Léopold lui tend un paquet, je comprends qu'il me concerne, sans savoir ce qu'il contient. C'est assez mince, entouré de papier brun. Une sorte d'enveloppe. Les photos qu'a faites Mme Valle ? Le grand-père la prend sans rien dire, ouvre une trappe au milieu de la table, c'est le casier à sel. Il dépose le paquet à l'intérieur. Le silence dure longtemps. Grand-père est assis sur un fauteuil de bois près de la table, il tire de sa pipe de superbe volutes de fumée, j'attends debout qu'il se passe quelque chose. Tout à coup il dit :

— Viens, petite, je vais te montrer la ferme !

Léopold s'est levé pour nous accompagner, mais le grand-père le rabroue :

— Reste là ! Viens avec moi, toi !

Impressionnée, je le suis en silence. Il a pris une canne accrochée au-dehors et m'emmène à travers le jardin, en m'expliquant tout ce que l'on y trouve. Et il y en a, des choses ! Des patates, des oignons, des carottes, des plantes dont j'ignore le nom, du thym, de la camomille, de la verveine... Il montre plus loin, du bout de sa canne, de grandes caisses de bois en équilibre sur des tréteaux :

— Ça, c'est les ruches. Les maisons des abeilles. Elles viennent butiner ici, tu vois, c'est pour ça que leur miel est si bon...

Il y a des cerisiers, ici des rangées de fraises, plus loin un verger de pommiers.

— Là-bas, plus loin, c'est la laiterie. Je te la montrerai la prochaine fois. Ça, c'est la porcherie, viens voir. Tu vois la truie toute blanche, avec ses petits, comme elle est belle ?

Il y a aussi des pintades qui courent partout en liberté en poussant des cris. Je découvre tant de choses à la fois que j'en suis étourdie. C'est beau, ici, libre, on peut respirer fort, les champs sont immenses tout autour. Nous marchons tous les deux jusqu'à un arbre noueux et tout en fleur. Je suis environnée de son parfum.

— Alors, c'est toi qui vas venir chercher les œufs ?
— Oui.
— Tu feras attention de ne pas les casser ?
— Oui.

Le vieux ronchon s'adoucit avec moi.

— Tu veux voir les poules ?

Il rit quand je réponds oui avec tant d'enthousiasme.

Je marche à nouveau à côté de lui, levant la tête de temps en temps pour l'examiner et essayer de comprendre qui est ce grand-père qui parle si sévèrement à Léopold : « Reste là, toi ! »

Le poulailler me fascine, comme le reste. Les poules entrent et sortent de leur enclos par une petite ouverture, libres de picorer où elles veulent. Un grand oiseau au plumage noir moucheté de blanc se dandine au milieu d'elles, magnifique.

— Ça, ça s'appelle le coucou de Malines. C'est une poule qui vient de la région de Malines, et on l'appelle comme ça. Tu veux le prendre dans tes bras ? Vas-y, n'aie pas peur.

Les animaux ne m'ont jamais fait peur. Ni les araignées, ni les fourmis, ni les serpents, ni les tigres. Dans ma grotte, sous le lit de maman, j'étais la reine des animaux. Ils étaient mon armée, mon peuple. Je vivais intérieurement dans un autre monde que celui qui nous entourait, et cela depuis longtemps, il me semble. La solitude, cette existence restreinte dans des logements sinistres, aucune compagnie de mon âge, alors j'avais rêvé ma vie avec les animaux.

Le coucou de Malines me regarde de son œil vif. Je m'accroupis à côté de lui, tranquillement. J'essaye de le prendre dans mes bras, mais il s'échappe à trois reprises. Grand-père rigole et je suis déçue.

— Ça ne fait rien, tu essaieras la prochaine fois, petite... Et il y en aura, des prochaines fois !

Lui, je lui donne ma confiance immédiatement. D'abord il m'a appelée petite, comme mes parents. J'étais la «petite». Il y a plein d'animaux, et je vais revenir. Quelque chose devient enfin stable dans mon esprit, depuis qu'on m'a arrachée à ma vie sur les marches de l'école : la ferme. Elle a tout pour me rassurer. Le grand-père et sa femme Marthe, la nourriture qu'il dépose dans un panier, les animaux, les plantes, l'air libre.

J'aurais voulu rester là, ne pas rentrer là-bas, chez cette femme aride, sèche, sans tendresse, qui ne s'adresse à moi que pour me donner des ordres et interdire. Mais il faut repartir avec ce Léopold qui ne raconte rien d'intéressant.

Nous avons rapporté du lait, du beurre, des épinards et de la laitue. «Elle» demande à Léopold :

— Alors ? Qu'est-ce qu'il a dit ?

— Comme d'habitude.

— Et toi, tu sauras y retourner toute seule ? Tu as compris ?

— Oui, c'est facile, et je peux tout porter toute seule ! Et le grand-père m'a montré les poules, et il m'a dit que je pourrais prendre le coucou de Malines dans mes bras... et...

Je suis partie, lancée dans mon récit enfantin, pressée de raconter les petits bonheurs découverts là-bas, mais elle m'arrête tout net :

— Il n'est pas question que tu ailles faire l'idiote là-bas ! On te confie une responsabilité importante, tu comprends ça ? Ce n'est pas un jeu ! Tu vas là-bas pour rapporter des provisions, et les rapporter à temps ! Pas pour jouer !

Je pleure encore, cette nuit-là, d'un désespoir infini dont cette femme se fiche complètement, comme si elle n'était pas une mère elle-même. Je suis coincée dans ce cagibi sombre, dans le vide et le noir, sans la douce oreille de maman, sans son corps contre le mien. Personne pour m'aimer. Cette femme n'aime même pas le grand-père qui pourtant la nourrit. Le beurre, les œufs, les fruits et les salades, la viande que cette famille ingurgite chaque jour sont les produits de son merveilleux jardin. Et elle le méprise autant qu'elle méprise la petite fille « voleuse de confiture, mal élevée, mal habillée et mal coiffée ». La « béotienne ».

Je n'arrive pas à dormir, j'ai faim. J'ai toujours faim chez ces gens. Même si la nourriture est plus importante chez eux, même s'il y a des tas de choses à manger, que je n'ai jamais vues sur la table de mes parents, elle décide de la ration à laquelle j'ai droit, et quand j'y ai droit. Le garde-manger est plein et me nargue toute la journée, interdit. La glacière m'est interdite.

Ce soir-là, au retour de la ferme, je suis encore plus malheureuse qu'au premier jour chez elle, et j'ai encore plus faim. Alors je me lève doucement, sans faire de bruit, j'entends leurs voix étouffées, j'avance jusqu'à la rampe de l'escalier, pieds nus, et je regarde en dessous.

C'est l'étage de la chambre de Mme Valle, la porte est entrouverte, je vois de la lumière. Elle discute avec son mari et Léopold. J'entends prononcer « grand-père », elle se plaint encore de lui :

— Il est énervant, celui-là !

Léopold dit bonne nuit, et regagne sa chambre. J'attends le silence complet, je descends l'escalier, sans faire grincer les marches, et je file dans la cuisine. Tout est noir. Les fenêtres de la maison sont protégées par des rideaux épais qui ne laissent rien filtrer ni de l'intérieur ni de l'extérieur. Je tâtonne pour trouver le placard, où j'ai repéré depuis longtemps une boîte de biscuits en fer-blanc. Elle les confectionne elle-même, ces délicieux gâteaux au sucre roux. Ceux-là sont tout frais du matin. Je prends le lait dans la glacière, une jatte pleine à ras bord, et j'engloutis le tout. Les gâteaux sucrés et le lait crémeux des vaches de grand-père. Un délice incroyable. Je remplis mon estomac avec avidité, infiniment, longuement. Je manque même me faire surprendre par Léopold, qui va aux toilettes.

J'attends dans le noir, la bouche pleine, le goût du lait épais sur mes lèvres, mélangé au miel des gâteaux. Dès qu'il a regagné sa chambre, je file dans l'escalier, comme une souris gavée, me pelotonner sur mon lit. J'ai moins mal, la nourriture apaise le terrible vide, bloque les larmes. Cette fois je peux m'endormir, rassasiée.

Le lendemain, j'ai droit à un sermon terrible. On m'a interdit de me servir seule! Je suis stupide au point de ne pas comprendre les règles de la maison? Mal élevée comme une sale gamine désobéissante, une voleuse!

La mine de Léopold dit clairement ce qu'il est: un lâche, un dénonciateur. Il m'a vue. Sa mère fulmine au-dessus de moi:

— Aujourd'hui, Janine n'est pas là, c'est son jour de congé, tu vas faire le ménage!

Ensuite, il y avait la couture. Je devais dévider des bobines de fil, assise sur des coussins par terre, tandis qu'elle cousait à la machine. Elle veut tout savoir de ce que m'aurait dit grand-père.

Rien. Je fais la bête. D'ailleurs, je n'ai rien à dire. J'ai suffisamment compris à quel point le grand-père se méfie de ces gens. Et surtout à quel point elle, elle ne l'aime pas.

Je bâtis des pièces de tissu. Évidemment je couds mal, de travers, elle ne se prive pas de me le faire remarquer méchamment. Je suis une idiote, une gamine qui ne sait rien faire. Une «béotienne». Longtemps je me suis demandée ce que voulait dire ce mot-là. Bête...

Je hais cette maison. J'y pleure la nuit, je crève de faim devant toutes ces provisions étalées. Où est ma mère? Elle faisait de la soupe avec des choux et des betteraves, et de la berce. Je fredonne dans ma tête. Berce, berce-moi, maman...

Un seul refuge: la ferme, Marthe et le grand-père. L'autre, celle qui m'appelle Monique et croit faire la charité en m'abritant dans son cagibi, se sert de moi comme d'une bonne, d'une esclave. Je l'appelle «Elle». Je l'ai rangée dans un coin de ma tête, pour l'ignorer. Je fais semblant d'être là, avec elle, à passer la serpillière et à me faire enguirlander, mais je n'y suis pas. J'attends le chemin de la ferme.

Plusieurs fois par semaine, je pars seule, avec le pot à lait et une petite musette en bandoulière. Le temps passe, je n'y prends garde. Le temps n'a d'importance que par rapport à l'absence de mes parents. J'ai peut-être compté les jours ou les semaines au début, mais je ne m'en souviens plus. Je vis la catastrophe de l'absence de ma mère comme un tremblement de terre dans mon existence, en serrant les dents la nuit sur le chagrin et une solitude terrible. Je n'ose pas poser de questions à ces gens mauvais. Ils me rabaissent, surtout Elle, au rang d'un objet encombrant, une bouche à nourrir dont ils n'ont pas besoin. C'est ça, « rentrer dans le rang » ?

J'attends qu'on m'explique, qu'on me dise : « Ton père et ta mère sont à tel endroit... ils vont revenir un jour. Sois patiente, garde l'espoir... »

La seule chose que j'ai entendue, et c'est le grand-père qui l'a dite, se résume à :

— Ne pense pas trop à ça. Ils ont été arrêtés, les Allemands les ont emmenés à l'Est.

3

La boussole

Grand-père m'a préparé un bouquet magnifique de petites fleurs des champs, si légères qu'elles ressemblent à des papillons.
— C'est pour toi...
— Pourquoi?
— Disons que c'est pour un anniversaire.
Du muguet! Ah, le parfum du muguet de grand-père! Il me rappellera toujours la Belgique.
Ce n'est pas mon anniversaire. Ou ça l'était peut-être, et je n'en sais rien. J'ignore toujours et encore la date exacte de ma naissance. Lorsque j'étais toute petite, je crois me souvenir que, pour ce que l'on appelait anniversaire, j'ai eu, je crois, une permission exceptionnelle. Par exemple, regarder dehors par la fenêtre de la cuisine à l'arrière, ou jouer avec certains ustensiles, ou aller sous le lit pour jouer, une chose de ce genre en tout cas, et cela n'avait pas l'air important. Je n'ai jamais eu de poupée, ou de nounours, quoi que ce soit dont je me souvienne, à part Jules le cheval de bois, un cadeau abandonné sur place. Chaque offrande de grand-père ou de Marthe est donc un bien précieux pour moi.
Le vieux bougon m'a prise en affection assez rapidement. J'ai confiance en lui et en sa femme, en personne d'autre. Mais je ne suis déjà plus une enfant. On est enfant avec ses parents, protégé par leur amour inconditionnel. Si on vous les arrache, c'est fini. J'apprends vite. J'apprends à copier les adultes, à faire

semblant, à m'adapter au milieu provisoire dans lequel la disparition brutale de mes parents « à l'Est » m'a plongée brutalement. Les souvenirs de cette période sont donc moins flous que les précédents.

Grand-père rigole en parlant de « Elle », Marguerite Valle :

— La sorcière... La harpie avide d'argent... La courtaude...

Elle le traite de « bouffeur de curé[1] », parce qu'elle a un fils curé, que je ne connais pas, et que grand-père ne peut pas le voir. La première fois, j'ai eu un peu peur de ce grand bonhomme droit, énorme. Je l'imaginais en train de manger un curé... Mais j'ai vite compris que cela ne voulait rien dire. Une insulte gratuite. Le reste du temps, la famille est mielleuse au sujet de grand-père. Elle le craint, je le sens bien. Et lui n'est pas dupe. Au fond, qui a le pouvoir de donner du beurre et des œufs, des fruits et des patates, des salades et de la viande ? Le bouffeur de curé !

Marthe a perdu un petit garçon, son fils unique. Elle garde sa photo dans un étui à lunettes, qui fait « clac » quand elle le referme sur son chagrin. Le garçon devait avoir 13 ou 14 ans ; sur la photo il est blond, avec un costume marin. Marthe pleure parfois devant sa machine à coudre, seule, sans bruit. Grand-père dit qu'il ne faut pas lui poser de questions, pour qu'elle n'ait pas mal au cœur. Ces gens ont souffert, ils sont dignes. Grand-père s'est endurci à la peine, mais pas Marthe. Parfois elle m'appelle depuis la porte de la cuisine, inquiète des cabrioles de Sioux que j'invente sans cesse au mépris du danger.

— Joseph ? Fais attention !

Alors la première fois, j'ai dit à grand-père :

— Mais c'est qui, Joseph ? Moi, je ne suis pas Joseph ! C'est qui ?

— C'est notre fils, il est parti, il est mort, alors elle est très triste, elle a beaucoup de chagrin.

— Et toi, grand-père, tu as aussi du chagrin ?

— Bien sûr, bien sûr que j'en ai, mais il y a des choses comme ça qui arrivent...

---

1. Expression populaire désignant les communistes.

J'ai compris et, désormais, je rejoins Marthe sans rien dire lorsqu'elle appelle « Joseph ».

Personne ne me parle de ma mère à moi. Même si je questionne grand-père :

— Tu la connais, ma maman ? Je lui ressemble ?

— Tu as de jolies oreilles comme elle...

Il connaît les oreilles de maman ? C'est donc qu'il l'a vue un jour ? J'attends qu'il dise autre chose, me parle d'elle, d'eux ; mais il ne le fait pas, alors je ne pose plus de questions. Peut-être veut-il ne pas aggraver ma souffrance, me faire oublier. Et, surtout, je ne sais pas exprimer le vide que je ressens sans eux. Je pense aussi que la souffrance de grand-père et de Marthe passe avant la mienne. Parce que mes parents ne sont pas morts comme Joseph. Pour moi, ils vivent quelque part à l'Est, chez les Allemands. Vivants. Alors cela ne m'ennuie pas d'être quelques secondes le fils de la ferme, le Joseph de Marthe.

D'ailleurs, je suis un véritable garçon manqué, grimpant partout, sur la haute poutre de la grange, par exemple, et sautant sur la meule de paille. Marthe a peur que je me casse une jambe, elle supplie grand-père de me l'interdire, mais il répond tranquillement :

— Laisse-la faire, Marthe, c'est bon pour elle ! Elle prend des forces !

Les vêtements de petite fille sage dont m'a affublée la « sorcière » ne conviennent guère à ces exercices. Alors Marthe met sa machine à coudre en marche et confectionne dans un morceau de tissu à fleurs une jupe avec des pantalons larges en dessous. Ainsi, je peux galoper, grimper partout décemment comme un garçon. Elle en fabrique d'autres, et j'adore ces vêtements qui me laissent libre de mes mouvements.

Un jour, je rentre chez « Elle » avec mon pantalon bouffant.

— Tu ressembles à un voyou, déguisée comme ça ! Moi qui me donne tant de mal pour que tu aies l'air d'une petite fille convenable !

Cette femme n'a pas de lèvres, sa bouche est toujours pincée sur une remarque désobligeante, humiliante ou réprobatrice. Elle m'a confisqué mes pantalons sur-le-champ, et je l'aurais mordue de rage. Mais je me suis retenue, car elle n'aime pas que j'aie l'air si contente d'aller à la ferme, et elle pourrait bien me l'interdire. Une fois ou deux, elle y a envoyé Léopold à ma place, pour me punir; alors je me tais. De toute façon, Marthe a une solution à mon problème :

— C'est pas grave, je vais t'en faire d'autres, et on les gardera ici pour toi.

Quelques jours plus tard, Marthe appelle :

— Joseph, viens ici que je t'essaie tes pantalons !

Le fantôme d'un petit Joseph que je n'ai pas connu grimpe docilement sur la table, pendant que Marthe, sa maman, pique des épingles pour faire un ourlet. Je sens, comme un animal sent la source, que Marthe a besoin de boire dans son souvenir.

Au fond, je bénéficie de leur tendresse frustrée par la mort de leur fils, et, par ailleurs, d'une mésentente familiale avec Marguerite et les autres. Grand-père m'a expliqué qu'il avait mis un jour cette Marguerite à la porte de la ferme, définitivement, et qu'elle ne devait plus jamais y remettre les pieds.

— C'est pour ça qu'elle envoie son fils, ou toi, maintenant ! Pour le ravitaillement uniquement !

À chacun de mes retours chez «Elle», je passe à la question :

— Alors, qu'est-ce qu'il a encore dit?

— Rien.

Grand-père m'éduque à sa manière :

— Ne dis rien à personne, petite, fais la bête ! Les gens utilisent toujours ce que l'on dit pour nous faire du mal. Ferme ton bec.

Alors, devant la bouche pincée de méchanceté, je ne suis à chaque retour qu'innocence et bêtise apparente :

— Rien...

Puis j'agrémente la comédie, mon rôle, en imitant le dialogue qui se reproduit à chacun de mes retours devant le vieil homme amusé :

— Je fais Marguerite ! Regarde, grand-père :

«Elle : *Eh bien, qu'est-ce qu'il a encore dit?*

«Moi : *Grand-père? Oh, il m'a recommandé de vous présenter tous ses respects!*

« Elle : *Tu parles ! Ça, j'en suis sûre !...* »
Grand-père rigole, derrière sa pipe, de me voir minauder :
— Tu vas devenir un vrai petit démon, ma parole !
Bizarrement, ce jeu ne m'amuse plus au bout d'un moment. J'ai l'impression de devenir mauvaise à force de ruser pour ne pas me faire disputer et traiter de tous les noms. L'hypocrisie me pèse.
— Grand-père, tu crois pas que je deviens mauvaise ? C'est elle qui me rend mauvaise, à force de me faire mentir.
— Petite ! Tu ne deviendras jamais mauvaise, le fond de ton cœur est bon, n'aie pas peur...

Grand-père m'a fabriqué une balançoire accrochée au grand noyer. Et un jour, j'ai eu mon premier grand cadeau. Un vrai portefeuille en cuir, plein de poches, pour y ranger tous les trésors que je glanais à la ferme : une jolie feuille ambrée, une plume du coucou de Malines, un joli caillou tout plat, une fleur de berce séchée...
J'étais si heureuse, si impressionnée de posséder quelque chose d'aussi important qu'un portefeuille, que j'aurais voulu écrire mon nom dessus : Mischke. Mais je ne pouvais pas, il n'y avait aucun moyen d'écrire ou de graver un nom là-dessus, et on ne m'appelait plus Mischke. Alors je l'ai mordu, dans un coin, j'ai serré les dents bien fort sur le cuir, sans lâcher, sans bouger, et la marque de mes dents est apparue, profonde, imprimée dans le cuir. La marque veut dire « c'est à moi ».
Je planque le portefeuille dans mon cagibi, et un jour il n'y est plus. Je cherche partout, retourne les trois tiroirs de la commode minable où je range mes vêtements, sous le lit, par terre. Disparu ! Je cours dans la chambre de la bonne, elle a fait le ménage, elle sait peut-être ? Le portefeuille est là, posé sur son lit :
— C'est à moi !
Je me jette dessus pour le récupérer, folle de rage.
— C'est à moi, j'ai mordu dedans ! C'est à moi !

— Eh! Qu'est-ce qui te prend, toi? c'est le mien! Rends-moi ça! Allez, file!

Je suis pétrifiée. Furieuse. Une violence incroyable me fait trembler devant cette injustice. Au point que je cours vers «Elle», Janine sur mes talons, mais elle parle avant moi :

— C'est à moi, madame, je vous jure!

— Non! Non! Regardez, il y a la marque de mes dents, c'est à moi, c'est mes dents!

La bouche pincée n'en croit pas un mot.

— Et qui t'aurait fait ce joli cadeau, Monique?

Je ne supporte pas qu'elle m'appelle Monique. Je me fiche bien de son histoire d'identité, j'étais et je suis Mischke, et si mon père était là, il lui montrerait son fusil!

— Alors? Monique? Dis-moi, qui aurait pu te faire un cadeau pareil? À toi?

Les adultes sont des monstres. Ils vous obligent à faire comme eux, à être hypocrites. Le danger, pour moi, de répondre à cette question est sous-entendu. Si je dis que grand-père me l'a donné, je serais privée de la ferme, Léopold ira à ma place. Plus de course dans les champs, plus d'arbres, d'oiseaux, plus de liberté. Je me mords la langue et tourne le dos.

J'ai perdu mon bien le plus précieux, et je suis encore humiliée.

La tartine de confiture et le portefeuille marqué de mes dents, je ne les oublierai jamais, si minces que paraissent ces événements au regard de ce qui m'attend. Je grandis plus vite que prévu en cervelle et en comportement. Courber le dos me sera de plus en plus difficile. La soumission n'est pas dans mon caractère. Je pense que je suis née ainsi. S'il n'y avait pas la ferme, grand-père et Marthe, je serais partie dès ce jour-là. J'aurais fui cette maison où finalement on ne m'avait recueillie que pour l'argent de mes pauvres parents. Où l'on voulait gommer mon identité, ma nature, mon caractère. Je suis déjà rebelle, et sauvage.

Mais il y a grand-père, et Marthe...

Lorsqu'elle oublie un peu son chagrin, Marthe me déguise, pour rire, en princesse avec des foulards et des jupes longues.

Elle maquille mes yeux verts avec un crayon noir... et je danse comme une gitane devant elle.

Un jour, j'ai dû rentrer chez «Elle» avec des traces de noir sur les yeux, et elle hurle :

— Ma parole! Elle veut te transformer en fille de mauvaise vie?

J'ai dû me demander ce que c'était encore cette chose terrible que j'allais devenir.

Dans la chambre de Marthe et grand-père, il y a un tableau que j'adore contempler. Un long bateau descend une rivière entourée d'arbres, il transporte de belles dames, habillées de voiles de toutes les couleurs, comme des fées. Du bleu, du rose, du mauve, de l'ambre comme du miel. Grand-père m'a expliqué que ces dames étaient les nymphes de la forêt. Je décide qu'un jour je serai exactement comme une nymphe de la forêt. Belle et vêtue de voiles translucides, reine des animaux et des bois.

J'ai deux copains merveilleux à la ferme : Ita et Rita, deux épagneuls qui se jettent sur moi dès mon arrivée, pour me débarbouiller à grands coups de langue. Debout, les pattes sur mes épaules, ils me dépassent d'une bonne tête. Je joue avec eux à rouler par terre sur le dos, les pattes en l'air, le nez dans la fourrure tiède qui sent si bon l'animal. Ils retroussent les babines pour attraper le morceau de bois que je lance, me bousculent du museau pour que je recommence. Avec eux, je me sens chien... Libre, en confiance. Ils peuvent me débarbouiller à l'infini, j'adore le contact de leurs langues râpeuses sur mes joues. Ita et Rita, mes fauves.

Il y a surtout grand-père et ses leçons. Il m'apprend tout. D'abord à être libre et à faire ce que je veux sans contrainte. Il trait la vache et me tend le seau plein à ras bord d'un lait mousseux et tiède. Je bois, je lape comme un chat jusqu'à satiété. Il décroche les pêches roses et encore fermes pour que j'y morde à pleines dents... Je me barbouille du jus des fraises, du brun des noix, je dévore tout dans cette ferme, les fruits, la lumière, la tendresse, la liberté, et même la gaieté. Grand-père m'a appris une chanson qu'«Elle» trouverait certainement mal élevée :

> *Joli mois de mai quand reviendras-tu*
> *M'apporter des feuilles, m'apporter des feuilles...*
> *Joli moi de mai quand reviendras-tu*
> *M'apporter des feuilles pour torcher mon cul ?*

J'adore la chanter à tue-tête avec grand-père dans le jardin.

Plus sérieusement, il m'enseigne la géographie. C'est un instituteur remarquable, et je fais des progrès que je n'aurais certainement pas accomplis dans une école classique. Je veux lui faire plaisir, l'entendre me dire : « Je suis fière de toi ! C'est bien ! Tu as tout retenu ! »

Alors que chez « Elle », je suis la béotienne, l'idiote qui ne sait pas coudre droit, passer la serpillière et remplacer la bonne. Elle me rabaisse, il me donne confiance en moi.

Le vieil homme déplie soigneusement sur la table de la cuisine un atlas de géographie en couleurs, une carte qui représente l'Europe, avec les fleuves, les rivières, les noms des villes. Il lisse le papier du dos de la main, et je grimpe sur une chaise pour examiner le monde qu'il m'apprend patiemment.

Il pointe sa pipe de pays en pays, je voyage avec les yeux, la tête, fascinée par le spectacle. J'apprends sans savoir que je m'en servirai très vite.

— Regarde, petite... la Belgique est là avec ses trois bosses ; ici, à l'est, c'est l'Allemagne. J'y ai vécu avant la guerre. Tu sais comment on dit pomme de terre en allemand ? « Kartoffel »...

— Grand-père ? C'est où, l'Allemagne ?

— D'abord, il y a la France que tu vois là, en vert, et puis la Belgique que tu vois en rose. Ici, les Ardennes, tu vois ? Ici la Meuse, et là le Rhin... regarde comme il est grand...

— C'est là, l'Allemagne ? C'est là, l'Est ?

Grand-père suit du bout de sa pipe les méandres du Rhin. Je voyage avec lui, facilement, des Ardennes aux steppes de Russie, de la France à l'Espagne. Bien vite je sais retenir la disposition de tous les pays. J'ai tellement vécu enfermée, je dois être avide de savoir. Avide d'évasion.

— Alors, où est-ce qu'on va aujourd'hui ? Là, par exemple,

ça, c'est Berlin, une grosse ville. Là, on est à l'Est, en Allemagne, tout ce qui est vert, c'est l'Allemagne, c'est très sombre là-dedans, il y a de grandes forêts, il y a des boches...
— Grand-père, c'est vrai que mes parents sont à l'Est, en Allemagne ?
— Oui, bien sûr...
Puis il change vite de pays. L'Allemagne m'attire et me fait un peu peur. Il ne veut pas en parler beaucoup plus. Alors nous allons en Pologne, à Cracovie, par exemple, Grand-père ne sait pas grand-chose des Polonais, alors il passe vite. Mais la Russie l'intéresse beaucoup.
— Les Russes portent une grosse toque de fourrure sur la tête, une blouse blanche et des ceintures sur leurs pantalons, et ils boivent comme des trous !
Les commentaires de grand-père sur les habitants de tous ces pays qu'il désigne de sa grosse pipe jaune sont très rigolos.
— Les Belges, ils sont très malins, ils essaient toujours de contourner la loi... Les Allemands sont stricts, tout raides, comme un bout de bois ! En France, les gens aiment rigoler et boire du vin... Les Italiens se sauvent comme des lapins...
Finalement il referme l'Atlas et me pose des questions. Chaque fois que je réponds bien, j'ai droit à une récompense, une pomme, une noix, ou à des encouragements. Grand-père trouve toujours que je fais bien les choses, que je suis forte. Chez «Elle», je suis une imbécile qui ne comprend rien à rien. «Regardez comme elle s'empiffre ! Regardez comment elle se nippe ! »
Je n'ai la paix qu'en allant au lit, et le lendemain matin, je descends, l'angoisse à l'estomac, sachant qu'il n'y aura qu'injures et réprimandes, méchanceté gratuite. Un jour «Elle» apporte deux robes, une blanche et une rose, qu'elle agite devant moi :
— Tu préfères laquelle ?
— La blanche...
Elle est si simple et si jolie, la blanche, mais c'est la rose que j'aurai.
Je ne comprends pas tout à fait la raison de ce comportement,

mais je suis déjà assez maligne pour deviner qu'elle se venge sur moi du grand-père, qui m'aime, moi, et la déteste, «Elle».

Je suis devenue bonne élève en géographie, mais sur le papier. Je peux réciter les pays, de la Belgique, au nord, à l'Italie, au sud, tout en bas, cette drôle de botte où, selon grand-père, les gens fuient comme des lapins. Je voyage au rythme de sa pipe d'ambre jaune, sautant les fleuves et les rivières avec facilité, elles paraissent si minces, ces lignes bleues qui filent par-delà les frontières rouges comme si elles s'en moquaient. Je saute toutes les montagnes.

Parfois, je contemple l'Allemagne, le pays vert des forêts sombres, l'Est... là où mon père et ma mère se trouvent. L'Est... Mais, en même temps, c'est vague, cette notion d'Est.

— Comment tu sais que c'est l'Est, grand-père ?
— C'est là où le soleil se lève. Quand tu te réveilles le matin, regarde le soleil, et tu verras l'est.

Il va chercher une boussole, et je prends cette fois mes cours dans le jardin, au milieu des poules et des chiens. C'est magique de faire tourner l'aiguille noire qui repère le nord à tous les coups ! Elle ne se trompe jamais, cette aiguille, dit grand-père. Tu peux lui faire confiance. Elle dit que le nord est là, tu vois, c'est marqué. Tu mets l'aiguille sur le «N», à ta gauche, il y a O, c'est l'ouest, à ta droite, le E, c'est l'est, et en bas le «S», c'est le sud... Vas-y, fais trois tours et montre-moi !

Ensuite, j'apprends à rechercher une direction par rapport au soleil.

— Alors, mets-toi sur le chemin, regarde le soleil. Maintenant, dis-moi où est le nord ?

Le soleil est un instrument très intéressant que nous avons à notre disposition en permanence, même s'il ne brille pas. Il suffit de repérer la lumière du levant ou du couchant, puisque ce brave soleil venant de l'est tous les matins se couche à l'ouest tous les soirs.

— Tu vois, c'est comme ça que les marins voyagent sur la mer ! Avec une boussole.
— Et on peut aller partout avec ? Même si on n'est pas sur la mer ?

— Partout.

Sachant cela, ajouté au prix de géographie que me délivre grand-père, j'ai l'impression d'être fort savante, et de pouvoir voyager où je veux.

La lune aussi me fascine. Lorsqu'elle est pleine et ronde, luisante, je voudrais pouvoir la serrer contre moi. Parfois lorsque je reste à la ferme pour la nuit, je la réclame à grand-père :

— Attrape la lune, grand-père ! Je veux la lune !
— Ah ! tu veux la lune, petite !

Il lève les bras pour décrocher le disque tout rond et brillant qu'il dépose solennellement dans mes bras. Je berce la lune imaginaire un moment, puis en réclame une autre, et il éclate de rire. Nous sommes heureux tous les deux.

Un jour, grand-père dit dans le jardin :

— J'ai une surprise pour toi. Attends là. Ferme les yeux.

L'histoire de mon portefeuille volé par Janine, avec la complicité de Marguerite, lui est restée en travers de la gorge. Il avait promis, lorsque je lui ai raconté mon chagrin, de remplacer le cadeau perdu. J'attends avec impatience. Il revient de la maison, cachant quelque chose de très petit dans sa main.

— Regarde maintenant ! Je vais ouvrir la main... Alors ? Qu'est-ce que c'est ?

C'est minuscule, tout rond, un petit coquillage blanc, grumeleux. Mais dans le creux du coquillage est un autre trésor encore plus minuscule, aussi rond, de la taille d'un bouton de chemise. Comme une petite fenêtre incrustée dans la coquille.

— Une boussole !
— Tu feras bien attention ! Que la harpie ne la trouve pas, surtout !
— Je la laisserai ici, et si je l'emporte chez elle, je ferai bien attention.

Cet objet, sorti de la mer, si petit, mais de nacre épaisse et solide, est un bien inestimable depuis ce jour. Mon unique compagnon de voyage pour une longue et douloureuse histoire, qui va me mener loin. Longtemps.

Il symbolise mon enfance, si l'on peut qualifier d'enfance ce que j'ai vécu. Ce jour-là, je ne songe pas immédiatement à son utilité première : Diriger le voyageur dans sa course à travers le monde. La petite boussole, faite à ma taille et à ma main, est un trésor pour jouer au jeu des quatre points cardinaux dans la cour et dans les champs, sur les chemins, en haut des arbres, et même le nez dans les fleurs. C'est un bijou encore rugueux de son existence maritime.

Ma précieuse boussole deviendra lisse, douce, soyeuse, usée, au fil de ma longue course en solitaire. Comme si les multiples détresses, les horreurs de l'humanité qui l'a conçue, et que je vais devoir affronter, n'avaient d'autre effet sur elle que de la rendre plus ronde encore et plus belle. C'est étrange.

Si j'ai appris la géographie et l'orientation avec grand-père, l'hypocrisie et les persécutions minables avec Mme Valle, je n'ai en revanche aucune notion du temps qui est passé depuis que mes parents ont disparu. Peut-être deux saisons, peut-être une...

Trois choses importantes ont lieu, dont je me souviens peut-être en désordre.

Il y a un bombardement sur un dépôt de pétrole de la ville. Il a détruit un pont voisin de la maison sur le canal. Léopold est allé voir ensuite, et a rapporté l'information.

— Les dégâts sont considérables. Toute la circulation est interrompue.

Qui a bombardé ? Je n'en sais rien, je ne me souviens que de ma peur, et je pensais à ma maman : Maman, si tu savais ce qui m'arrive... où es tu ?

Un autre jour des avions survolent la ferme. Marthe est prise de panique, et le grondement me fait terriblement peur, car il est tout proche. Marthe me crie de la suivre à la cave, mais grand-père se met alors à hurler :

— Non ! Marthe ! Reste là, et la petite aussi ! Ce n'est pas à nous qu'ils en veulent !

Grand-père est fort, comme un arbre, il me protège de tout, j'en suis persuadée, mais j'ai tout de même très peur. Il veut rester là debout sur le pas de sa porte, à regarder le ciel en face. À maudire la guerre lointaine et son impuissance de vieil homme.

— Je leur donne ma peau, moi ! Qu'ils viennent seulement la prendre ici ! Je voudrais bien mourir aussi, moi, mais chez moi et en plein air !

Il lève les bras vers le ciel, comme pour attirer les porteurs de mort, il les provoque, furieux, le poing levé comme s'il voulait en crever le ciel. Mais les avions ne s'intéressent pas à nous. Qui sont-ils et où vont-ils ? Détruire quoi ou qui ? La guerre se passe ailleurs que dans la Belgique de grand-père, occupée et humiliée. La guerre lui échappe, alors il la réclame pour lui tout seul.

Ne pas avoir peur comme grand-père, être forte comme lui, mériter son admiration, je voulais être à l'image de grand-père.

— Petite ! Amène-moi cette bûche pour le poêle !

Elle est si grosse et si lourde que j'hésite, pas très sûre d'y arriver.

— Allez ! Allez ! Tu es plus forte que tu ne crois ! Essaie d'abord ! Tu verras bien.

J'ai soulevé, tiré, je suis tombée deux fois avec avant de parvenir à la placer sur mon épaule, mes deux mains agrippées à l'écorce, animée d'une énergie démesurée. Mais je la donne à grand-père.

C'est vrai que je suis forte, déterminée, ni geignarde ni douillette. Au contraire. Par contre, je suis susceptible et fière, je supporte mal ma condition d'enfant recueillie.

Le soir, pour rentrer chez « Elle », j'ai toujours la trouille au ventre, mal à l'estomac. Avant même d'arriver à la porte, avec les provisions que je rapporte, je sais ce qu'on va me reprocher. Tout et n'importe quoi. D'être en retard, d'avoir sali mes vêtements, d'être décoiffée, d'avoir trop faim, d'être là, tout simplement.

Cette femme dit parfois à propos de son affreuse bonne, Janine :

— Ah ! Si elle devait s'en aller, j'en pleurerais des larmes de sang !

J'imagine ces larmes de sang coulant sur sa figure, dégoulinant sur ses lèvres minces. Horrible. Pour moi, elle ne pleurerait certainement rien, si je disparaissais. Et je voudrais bien rester à la ferme, entre grand-père et Marthe, ne pas subir les remontrances qu'elle débite à longueur de journée, quand je suis chez «Elle». Grand-père me dit, d'un air de chat qui a volé du lait :

— Sois plus maligne, petite! Par exemple, si tu arrives en retard, cueille des fleurs en chemin, et donne-lui le bouquet en arrivant, avec un grand sourire! Tu verras, elle ne saura plus t'engueuler!

Je l'ai fait, une fois. Et «Elle» n'en est pas revenue. Elle n'a pas compris que je lui jouais la comédie comme un petit singe qui venait d'apprendre l'hypocrisie humaine. Qui parle faux, pour taire le vrai. Sourit pour ne pas mordre.

Combien je préfère la simplicité du langage des chiens, comme Ita et Rita. Tu m'ennuies? je montre les dents. Tu me caresses? Je te lèche la figure. Tu veux jouer? on joue. Tu manges, on partage... Là je me sens bien déjà, en accord total avec leur instinct, capable du même amour instinctif et sans équivoque.

Le deuxième événement est une sorte de cadeau.

«Elle» doit s'absenter quelques jours pour visiter quelqu'un de sa famille. Je peux rester dormir à la ferme avec Marthe et grand-père.

Marthe m'emmène promener à Bruxelles. Elle me tient par la main. Elle m'a fabriqué un joli chapeau en forme de calot. J'ai un manteau neuf qu'elle a cousu elle-même. Nous faisons le trajet en tramway jusqu'à la grande place. Je mange un gâteau au café, elle boit du thé. Ensuite, nous entrons toutes les deux dans un magasin, et j'en ressors avec une poupée aux joues roses, habillée d'une robe de dentelle. Mon premier et unique jouet. Je savais que cela existait, j'en avais vu dans les mains d'autres petites filles, mais jamais je n'y avais eu droit. Si je réclamais un jouet de ce genre, maman disait : «On ne peut avoir ces choses-là, Mischke, nous sommes juifs, et pauvres.» Alors, une poupée à moi, c'est quelque chose...

Ce jour-là, la boussole de grand-père passa en second. J'ai

lâché ma peau de garçon manqué pour goûter quelques heures à ma nouvelle personnalité d'enfant qu'une gentille dame tient par la main, vêtue d'une jolie robe, coiffée d'un chapeau, qui se promène en ville au milieu des gens, qui mange un gâteau acheté dans une boutique. Je marche comme une princesse blonde dans les rues de Bruxelles occupée par les Allemands.

Dans le tramway pour rentrer à la ferme, un soldat déchire sans le vouloir la robe de ma poupée avec la baïonnette de son fusil. Je crie :

— Espèce de sale boche !

Marthe me fait taire aussitôt, m'entraîne aussi vite que possible à l'arrière du tram, loin du soldat qui a d'ailleurs ignoré l'insulte. J'avais l'impression pourtant d'avoir hurlé. Pauvre Marthe, elle a dû avoir peur.

Le troisième événement, c'est une phrase que j'entends de la bouche de « Elle ». Je n'aurais pas dû l'entendre, je dois être entre deux portes, ou cachée dans un coin, ou derrière mon rideau sur le palier-cagibi où je dors.

— On la gardera, bien sûr. Si les alliés gagnent la guerre, on nous félicitera d'avoir sauvé une juive. Si les Allemands gagnent, on la dénoncera, pour se faire bien voir.

Je ne lui ai plus du tout parlé. Je n'ai plus ramassé de fleurs pour me faire pardonner d'être en retard, je n'ai plus fait de sourire idiot pour qu'elle m'accepte. C'était fini.

Je reste là, à dévider ses bobines, ou à bâtir ces saletés de morceaux de tissu, les dents serrées de haine. Je ne me suis jamais résignée à l'appeler « maman », mais j'ai fait tout ce que je pouvais pour me faire accepter. Maintenant, c'est fini.

— Qu'est-ce qu'il y a ? Pourquoi tu boudes la bouche fermée comme une carpe ? Tu boudes et tes yeux sont insolents !

Ma bouche fermée l'est de rage, et aussi parce que j'y planque très souvent la petite boussole, de peur qu'elle la trouve.

— Quand je pense à ce que j'ai fait pour toi ! Plus que ta propre mère !

Cette fois, je me défends !

— Non !

— Comment ça, non ?

— Ma mère m'a donné la vie !
— Ah oui ? Et où elle est ta mère maintenant, hein ?

La garce. Je me tais. Ma haine pour cette femme capable de faire à une gamine ce genre de réflexion est alors si intense qu'elle me donne des forces au lieu de m'abattre. Non, je ne suis pas abandonnée, non, ils ne sont pas morts. Un jour, je vais les retrouver.

L'idée fixe s'est installée dans ma cervelle d'enfant. Quand ? À quel âge ? Je voudrais pouvoir le dire, mais j'en suis incapable encore aujourd'hui.

Quelque part dans l'existence de mes huit ans, un jour l'a emporté la décision de fuir, pour aller retrouver mes parents à l'Est. Et quelque temps plus tard le grand-père a dit d'un air inquiet.

— Petite, les Allemands rôdent par ici, c'est dangereux... Tu vas devoir rester chez la harpie, et ne plus te montrer ici.

L'idée de rester enfermée pour toujours dans cette maison où personne ne m'aime est insupportable. Je n'ai aucun sentiment de sécurité chez ces gens-là. J'ai juste le sentiment d'être un paquet encombrant à nourrir et habiller, une enfant juive que l'on pourra donner « aux boches » sans remords s'ils gagnent la guerre.

Je ne suis plus l'enfant jouant avec l'armée de ses pinces à linge à faire tomber les boches. Je sais où est l'Est, là où les boches avaient emmené mes parents.

Je n'étais pas la fillette que cette Mme Valle appelait Monique et coiffait d'un ruban sur la tête pour qu'elle l'appelle maman. J'étais Mischke, l'unique amour de ma mère. Mischke qui ? Je ne savais pas. Trop de noms déjà avaient été prononcés pour que j'en retienne un. Certains traînent encore aujourd'hui dans ma tête, vague souvenir, fragments épars... avec des consonances russes... Chinkovitch ? ou Goldman ? Ils étaient probablement liés à d'autres gens que nous.

« Douchmaïa... ma chérie », disait papa tendrement pour ma mère, ou « Mi liebe dich, en allemand... ou ma noiraude... », elle était si brune. Et elle disait de sa voix douce et chantante : « Reuven, ne sors pas, c'est dangereux… Reuven… »

Mischke est la fille chérie de Gerushah… et de Reuven juifs. Elle n'a pas d'autre identité que celle-là. La harpie ne l'aime pas, les boches rôdent par ici, il faut partir.

Je dois avoir environ huit ans, je suis haute comme trois pommes. Ici, on a inscrit quelque part sur un papier que je m'appelle Monique Valle et que j'ai deux ans de moins que mon âge. Comme je suis blonde comme papa, j'ai l'air d'une Belge.

Mais c'est Mischke qui décide de partir à la recherche de ses parents, quelque part à l'est de l'Europe. Sur la carte que le grand-père lui a gravée dans la tête, l'Est, ce n'est pas si loin, et c'est tout vert. Mischke est forte, têtue, elle n'a pas peur, elle a une boussole, elle n'a plus qu'à réfléchir en secret aux autres choses précieuses à emporter, ne rien dire à personne et s'enfuir à la nuit, comme les chats.

4

Vers le soleil levant

Il y a sûrement un moyen de retrouver mes parents. Ils sont quelque part à l'Est, ils pensent à moi. Comme je pense à eux.
Je rumine depuis des nuits entières, sur mon lit derrière le rideau. Lorsque grand-père m'a dit que je ne pourrai pas revenir, je n'ai rien dit, mais j'ai pris mes précautions en vue du départ. J'ai rapporté mes pantalons de jeu, cachés sous ma veste. Je vais prendre le bonnet de laine que m'a tricoté Marthe. Elle l'appelle un bonnet phrygien, je ne sais pas ce que phrygien veut dire, mais c'est très pratique. On l'enfonce sur sa tête, et il reste encore une grande longueur qui se termine en pointe par un pompon. Ça s'enroule autour du cou comme une écharpe. Avec ça, j'aurai l'air d'un garçon. La seule paire de chaussures que je possède n'est pas pratique du tout, par contre. Des espèces de sandales de fille. Tant pis, je ne vois rien d'autre. Les gens sont trop grands dans cette maison pour que je puisse prendre autre chose. J'ai ma boussole, elle me conduira à l'Est. Je garderai la musette en toile qui sert à ramener les œufs et les légumes. Dès que je serai prête à partir, je la remplirai de choses à manger. Pour le pain, je sais comment faire. J'ai vu les enfants aller à l'école avec leur goûter autour du cou. On enfile une grande ficelle dans la mie, on fait un nœud pour l'accrocher. Il me faut un couteau, pour couper le pain. J'en volerai un dans le tiroir de la cuisine. J'attends.

Il fait nuit noire. Plus de bruits, plus de conversation dans la chambre au-dessous de moi. Je me lève, enfile le pantalon et tout ce que j'ai de chaud par-dessus ma chemise. Un gilet et une veste. La musette autour du cou, la boussole dans la poche de ma veste, mes chaussures à la main, je descends à tout petits pas l'escalier de bois. Sur le palier de la chambre, je guette encore un moment. Puis je file dans l'escalier, en direction de la cuisine. Je bourre la musette de pommes. Je cherche un couteau, ni trop grand ni trop petit, pour pouvoir le mettre dans ma poche ou dans la musette. La miche de pain est dans le placard, j'y fais un trou avec le couteau. La ficelle est dans un tiroir, je coupe, fais un nœud, et hop ! autour du cou. La miche se balance sur mon estomac.

Je ne suis pas bien grande. J'ai compté avec mes mains sur le mur de la ferme. Je compte toujours avec mes pieds ou mes mains. Je voulais savoir ma taille, puisqu'on me disait si petite, que je pouvais avoir quatre ou cinq ans. Je me suis mise contre le mur, j'ai fait une marque avec un caillou au-dessus de ma tête, et en partant du sol, mes mains à plat sur le mur, j'ai compté neuf ou dix mains. Mais je suis forte, en bonne santé, dit grand-père. La force et la santé, c'est le principal pour lui. L'ennui, ce sont les chaussures. Elles ne sont vraiment pas faites pour marcher dans les bois. Car je vais devoir marcher dans les bois, traverser des rivières et des forêts. J'ai la carte de grand-père dans la tête, en couleurs. Je suis dans le mauve de la Belgique, je vais en direction du vert de l'Allemagne, là où il fait très sombre.

Me voilà dehors, dans le noir complet, mais je connais le chemin qui mène au canal. Là, il y a un pont, et ensuite des bois. Je sais que je ne serai à l'abri que dans les bois. Je marche d'abord tranquillement mais d'un bon pas, en essayant de ne pas faire claquer mes semelles. Tellement peur qu'une fenêtre s'ouvre, ou que « Elle » s'aperçoive que je ne suis plus dans mon lit. J'ai oublié les ciseaux sur la table de la cuisine. Tout à coup, une peur bleue d'être rattrapée me prend au ventre et je me mets à courir comme une dératée, coudes au corps. Les maisons s'espacent, je vois les champs, et tout au bout de la route il y a le canal. Je cours tellement fort qu'un point douloureux m'oblige à m'arrêter, à bout de souffle.

Les ruines noires du dépôt de pétrole, des cuves déchiquetées, mal éclairées par les rayons de lune. On dirait des bêtes monstrueuses et immobiles. Je recommence à courir, vers le pont du canal. La route est large, éventrée par endroits et déserte, j'entends le vent de ma course siffler à mes oreilles, je me tords les pieds dans les ornières profondes, j'ai encore peur que quelqu'un m'aperçoive, peur d'entendre une voix d'adulte m'interpeller. Je grimpe sur le talus, pour mieux me dissimuler. Les ronces écorchent mon visage et s'accrochent à mes manches, je progresse vite pourtant, pliée en deux, talonnée par le désir de disparaître à la vue des gens. Tous les gens. Je les déteste. Grand-père aussi m'a abandonnée. Je sais bien que c'est injuste, mais sans lui et Marthe, Ita et Rita, je n'ai plus rien au monde.

Lorsque j'atteins le pont, enfin, je me laisse rouler sur le bas-côté de la route, dans l'herbe humide. J'ai chaud aux joues, mon cœur bat si vite que j'entends le bruit jusque dans mon ventre. Roulée en boule, j'attends que le silence revienne, que ma respiration se calme. Les dernières maisons sont hors de portée de vue, et tout est si noir que je reprends confiance. Personne ne m'a vue, personne n'a couru derrière moi. La lune est voilée d'un léger brouillard, mais je peux compter les étoiles. Un chien aboie très loin. J'entends bruire l'eau du canal. Je n'ai plus qu'à franchir le pont pour disparaître dans les bois.

J'avance quelques pas, en regardant l'eau de chaque côté, et je m'arrête, désorientée. Un énorme morceau de pont est arraché devant moi. Le trou énorme du bombardement qu'était venu voir Léopold. Je n'avais pas compris que le pont était démoli. J'avance prudemment pour voir comment je pourrais me faufiler entre les ferrailles, l'eau est dessous, noire. Impossible de grimper par ici ou par là, de m'accrocher à quelque chose pour passer ce maudit trou, il fait trop sombre, j'ai peur de tomber.

Il n'y a plus qu'à retourner sur mes pas et à me cacher sous le morceau de pont restant. Je traverserai demain à la lumière de l'aube. J'ai sommeil, j'espérais bien dormir à l'abri des bois.

Je me retrouve sous le pont, à proximité de l'eau. Un endroit plat pour m'y coucher, je m'endors, les genoux repliés sur ma poitrine, les mains coincées entre les cuisses pour les réchauffer, ma musette bourrée de pommes en guise d'oreiller. Pas tranquille. C'est ma première nuit dehors ; je n'ai pas l'habitude des bruits, le moindre crissement me fait redresser la tête, tendre le cou. Garder les yeux ouverts pour surveiller les environs, ou les tenir fermés pour essayer de dormir. L'un et l'autre me sont impossibles. Un bruit de feuilles, et c'est peut-être quelqu'un qui vient...

Je me rassieds et commence à bien regarder autour de moi. Une fois mes yeux habitués à scruter la nuit, je peux examiner chaque parcelle du territoire qui m'environne. Soudain, je vois filer une ombre dans la lumière de la lune, puis une autre, à ras de terre. Des rats ! Ils courent en se faufilant sous les débris du pont, entre les ferrailles et le bois. Des rats, ce n'est pas si terrible. Je me recouche sur la terre dure, ôte ma veste pour en faire une sorte de matelas sous mon dos, et ferme les yeux.

« Elle » va hurler après moi demain, envoyer Léopold ou quelqu'un d'autre me courir après. Et si « Elle » me rattrape, ce sera pour m'envoyer je ne sais où, faire la bonne, m'humilier davantage. Ou alors me donner à quelqu'un, garder l'argent de mes parents, et je disparaîtrai sans les avoir retrouvés. « *Si les Allemands gagnent, on leur donnera la gamine.* » Les humains sont méchants, grand-père ronchonnait toujours contre eux. Il m'a inculqué cette idée : il faut fuir les humains.

Ce maudit pont retarde ma fuite, et j'ai vraiment peur, maintenant. Peur de la solitude, des rats qui courent, des bruits, et de ce qui pourrait m'arriver. Je ne suis qu'une petite fille. Qui a couru si vite pour s'enfuir qu'elle n'a pas bien réalisé ce qui l'attendait. Si j'arrive à ne pas me faire prendre, il faudra renouveler mes provisions. Où trouver de la nourriture, sans approcher personne ? Il fait déjà froid, quand je marcherai dans la neige j'aurai mal et froid aux pieds avec ces escarpins d'enfant. Une semelle mince de mauvais cuir, des socquettes. Finalement, je me sens davantage préoccupée, tout à coup, du côté pratique de ma fugue que des bruits dans le noir. Je ferme les yeux pour réfléchir aux choses que je sais faire. Trouver des œufs, ramasser des mûres, cueillir les pois dans les jardins, fouiller la terre à la recherche des pommes de terre. J'en ai ramassé, des pommes de terre, après que la bêche de grand-père fut passée par là pour soulever les grosses. Les petites sont éparpillées autour de la motte. Je trouverai des pois, des fruits...

Je m'endors, bercée par l'eau du canal. En pensant à une recommandation de grand-père, qui n'était pas destinée à mon aventure présente, mais que je vais appliquer consciencieusement : Éviter les gens, les grands comme les petits. Ne pas leur répondre s'ils m'interrogent. Ne jamais dire d'où je viens, ni où je vais. Il disait : « Ferme ton bec, petite... Si tu parles, les gens s'en serviront contre toi. Contente-toi d'être muette ! »

Un jour je lui demandé si les enfants étaient aussi méchants que les grands, et si je pouvais leur parler. Il a répondu : « Les enfants, ce sont des petits d'hommes ! »

Je volerai pour manger, je ne parlerai à personne. Un humain me fait plus peur qu'un rat. Je m'endors d'un œil, la tête emmitouflée dans ma veste. Parfois le sommeil m'emporte, puis je me réveille en sursaut, l'oreille aux aguets. Les rats ne dorment pas, eux, je les entends encore, légers, furtifs, mais bien présents. Ils doivent chercher leur nourriture la nuit, ou discuter entre eux. Des petits cris aigus ponctuent le grouillement de leurs pattes.

Puis l'aube est déjà là, et le froid est plus vif. Le soleil se lève à l'est, tout rose dans le ciel pâle. Je me redresse, rampe à quatre pattes jusqu'au bord de la route. Elle est toujours déserte. Une extraordinaire sensation de liberté dissipe alors mes peurs de la veille. Le nez en l'air je regarde un oiseau faire des ronds dans le ciel au-dessus des champs, le village est loin, la ferme de grand-père quelque part là-bas derrière moi.

J'examine les ferrailles du pont déchiqueté, rouillées par endroits, les planches arrachées, et le grand trou béant au-dessus de l'eau noire. Pour passer je dois m'agripper au grillage qui bordait le pont, tâter les planches, avancer pas à pas au risque de tomber sur les poutrelles en dessous, dressées comme d'énormes lames de couteau.

J'arrive presque à mi-chemin de ce parcours acrobatique, bien plus dangereux que mes facéties sur les poutres du hangar de grand-père. Et je commets l'erreur de regarder sous mes pieds. L'eau noire me nargue. Un vertige me pétrifie quelques instants, je ferme les yeux très fort, agrippée au grillage, en m'ordonnant de ne fixer ensuite que mon pied qui avance, rien d'autre. Centimètre par centimètre. Lorsque j'atteins enfin l'extrémité du pont, je bondis sur l'autre rive en criant : «Ça y est!» Je suis une héroïne, j'ai réussi une chose terrible. J'ai du courage, je suis fière de moi. Mais il n'y a personne pour me dire «bravo» comme le faisait grand-père. Et j'ai crié, je n'aurai pas dû. Mais ma joie est si grande, je suis libre! Ce pont était la première frontière entre mes parents et moi. «Elle» ne peut plus me rattraper.

Je marche de l'autre côté du monde qui ne m'a fait que du mal, à part grand-père. Je sors une pomme de ma musette pour la croquer, avec un morceau de pain. J'ai faim. J'ai pris une grosse bouchée de pain, il va falloir faire attention, ne pas arriver au bout de mes provisions avant d'avoir trouvé autre chose pour remplir ma musette. Et puis de l'eau aussi, j'ai soif.

Une question : Est-ce que je vais bien en direction de l'est? Je m'arrête un instant, pour examiner la boussole. L'aiguille a l'air à peu près d'accord pour l'instant, ce n'est pas tout à fait la direction, mais presque. Je longe la route, mais à couvert, sans trop m'enfoncer dans les bois. Je marche bien, sans effort. Je marche. Une pomme, un morceau de pain, je marche. Arrive la nuit, je dors. Arrive l'aube, je repars.

La notion du temps m'échappe très vite. Lorsque j'atteins enfin le premier village, je ne compte déjà plus, et ça n'a aucune importance. Ce qui compte, c'est la marche et l'alternance du jour et de la nuit. La lumière et l'obscurité. Certains jours je marche mieux et plus vite parce que le temps est sec et que je ne patauge pas dans la boue. Mais dès que le temps se gâte, pluie et neige mêlées, je perds du temps, je grelotte la nuit dans mes vêtements trempés qui ne sèchent pas sur mon corps. Les soucis et les problèmes sont immédiatement devenus purement physiques. Mais je ne crains rien d'autre. La liberté d'aller où je veux, de manger quand je veux, de dormir où j'en ai décidé, me convient parfaitement. Loin de la surveillance des adultes étrangers, je suis à l'aise pour décider de ce qui me convient.

Première préoccupation, trouver des provisions. Les pommes

n'ont duré que quelques jours, le pain, rationné par bouchées, peut-être une semaine. Une fois rassis, je le mouille de salive pour le mâcher ensuite lentement, soigneusement, et l'avaler lorsqu'il forme dans ma bouche une sorte de purée que je sens couler dans mon estomac. Je trouve des mûres desséchées car l'hiver est presque là, des baies dont je ne connais pas le nom. Je sais qu'elles sont peut-être du poison pour moi, alors j'en goûte d'abord une, j'attends de la digérer. Si elle passe sans me donner de crampe ni me brûler l'estomac, j'avale les autres. Sinon, je les jette. Je bois à tous les ruisseaux que je croise dans les bois. Mais il peut passer beaucoup de temps avant d'en trouver un. Un jour, assoiffée, je tombe devant une mare noirâtre dans un creux de terre, un reste de la dernière pluie. J'ai tellement soif que je me résigne. J'essaie de filtrer la boue, de ne prendre du liquide qu'à la surface pour ne pas avaler de terre. Ce n'est pas très bon, fade, ça laisse des petits grains dans la bouche, que je recrache aussitôt.

En hiver, trouver de quoi manger dans les bois est très aléatoire. Avant, chez cette femme, j'avais toujours faim, maintenant, je suis véritablement affamée. Et j'ai couru trop de risques en avalant des choses inconnues. Je suis prise de crampes dans le ventre, de diarrhées, d'envies de vomir à tordre l'estomac. D'envies seulement, sans pouvoir les soulager puisque je n'ai rien à vomir. Il est urgent de trouver quelque chose de solide à manger.

Je me lève chaque matin avec le premier chant d'oiseau. Et reprends ma marche. Si j'aperçois un être humain, je me cache en attendant qu'il disparaisse. Si j'en vois un dans un champ, je me réfugie dans le premier bosquet d'arbres, hors de sa vue. Lorsque le champ est désert, j'y fouille la terre au bord du chemin, à la recherche de racines, de graines à sucer.

Depuis quelques nuits, j'ai trouvé comment faire mon lit le mieux possible. Au début, je me suis escrimée à confectionner un semblant de matelas avec des branches et des feuilles. J'ai vite compris qu'il était plus simple de repérer les sapins dans les bois, pour dormir dessous. C'est plus facile de rassembler les aiguilles, d'en faire un gros tas que l'on étale ensuite pour s'y installer confortablement. Autre avantage des aiguilles de sapins ; elles font moins de bruit que les branchages qui craquent sous le poids du corps à chaque mouvement. Un sapin est une maison, en fait. Les grandes branches basses me font un toit rapproché, qui protège de la bruine et même de la pluie, si elle ne dure pas trop longtemps. Mais je connais bien la pluie de Belgique. Lorsqu'elle se mettra à tomber, tout le jour, ou toute la nuit, sans interruption, même le sapin ne pourra plus me protéger.

Le plus gros souci, ce sont mes chaussures. Ces escarpins de petite fille que «Elle» avait décidé de me faire porter. Plus je marche, et plus elles me font mal aux pieds. Lorsque j'avais mal quelque part, un bobo, maman disait : «N'y pense plus. Tu as mal parce que tu y penses!» Je marche en me disant la même chose : «N'y pense plus. Continue de marcher.»

Le soir, je les enlève avec précaution pour ne pas arracher les ampoules. Si j'ai la chance d'être près d'un ruisseau, je trempe mes pieds dans l'eau froide, sans toucher aux blessures. Je reste longtemps ainsi, jusqu'à ce que la peau devienne bizarre, toute blanche et flétrie. Alors je tamponne les blessures avec un bout de ma veste ou de mon pantalon. Je ne remets ces semelles de torture au cuir déformé par la marche que le lendemain.

Avant de reprendre la marche, je vérifie la direction de l'est, range la boussole, et repars. Le village d'Overÿse apparaît enfin au loin. Je le connais, celui-là, je l'ai vu sur la carte de grand-père. Un gros bourg. J'y trouverai à manger, peut-être même des chaussures de marche. Comment, c'est une autre question. Je dois d'abord examiner les alentours.

J'aperçois une ferme, des bâtiments, une grange. Sans quitter le sous-bois, je m'en approche avec prudence, prête à détaler. La maison principale est en pierre blanchie, et le toit de chaume. Elle est bâtie assez près de la route. Je m'accroupis de l'autre côté de cette route, derrière des fourrés, et j'observe.

Derrière la maison il y a des ouvriers dans un champ. Ils ramassent des choux. Ils m'en donneraient peut-être, mais j'ai peur de m'approcher d'eux. Mon idée fixe : éviter l'humain à tout prix, ne pas me faire attraper. Il doit y avoir un verger, et des pommes. Dans une ferme il y a forcément des pommes. Mais dans un verger, on est visible de loin.

Réflexion faite, je vais mendier. Je vais tendre la main à la première personne rencontrée, sans rien dire, sans un mot, juste tendre la main pour faire comprendre que j'ai faim. Les mendiants font ça, j'en ai déjà vu. Et j'en ai vu qui ne parlaient pas du tout. Quand on est muet, on évite le danger, disait grand-père. J'y vais.

Je marche résolument vers la ferme, mon bonnet bien enfilé sur la tête. Il vaut mieux qu'on me prenne pour un garçon, les petites filles ne courent pas les routes et les bois toutes seules.

En arrivant près du corps de ferme, je tombe sur une femme en tablier, occupée à suspendre du linge sur un fil de fer. Elle me regarde, stupéfaite. Je la regarde aussi, sans plus bouger. J'hésite encore à tendre la main, et elle demande déjà :

— Qu'est-ce que tu fais là, fillette ? Qu'est-ce que tu veux ?

Je fais demi-tour en courant, traverse la route à nouveau pour m'enfoncer dans le bois. Elle a vu que je suis une fille. Ça, c'est embêtant. Je pourrais tenter le coup plus loin dans d'autres maisons, mais le bourg est encore loin, et il y aura plus de gens donc plus de risques. Pas question de m'y attaquer en plein jour. Pour cette fois je vais faire l'inverse : dormir maintenant, et attendre la nuit complète pour m'approcher des maisons. Le soleil ne va pas tarder à disparaître, il fait déjà gris. Je crève de faim. Plus un seul croûton dans la musette, désespérément plate. J'ai besoin d'un plan pour me nourrir dans ce village. Mais quel plan ? Aucune idée, rien que la faim torturante ! J'ai beau saliver en faisant tourner ma langue dans ma bouche, ce n'est pas de la soupe que j'avale. Et dormir ne remplace pas un croûton de pain. Je n'y arrive pas.

Je reprends la marche à la lisière du bois, suis la route et tombe sur une autre ferme. Un groupe d'hommes travaillent encore dans le champ, derrière le bâtiment. Je me demande si la maison est vide. Je pourrais me faufiler par la porte d'entrée…

Une charrette attelée d'un cheval passe sur la route. J'attends qu'elle ait disparu au tournant tout proche, traverse en courant jusqu'à la porte d'entrée, et m'immobilise. À travers les carreaux, j'aperçois un couloir, des portemanteaux au mur. Vides. Pas de manteaux ni de vestes, à part un chapeau tout seul. Normalement, cela veut dire que les habitants sont dehors. Je soulève doucement le loquet, pour voir si la porte est verrouillée. Non. Je la pousse en douceur, la laisse entrebâillée, et me glisse à l'intérieur. Je longe le couloir en retenant mon souffle, sur la pointe des pieds. Il y a une sorte de petit salon qui ne m'intéresse pas, la cuisine est au fond. Toujours personne. Sur le pas de la porte de cette cuisine, j'examine les possibilités. Pas de fruits sur la table, pas de boîte à pain en vue, ni de légumes. J'ouvre un placard, puis un autre, tombe sur un garde-manger protégé par un fin grillage, le même que celui de Marthe. Elle y abritait des mouches le lard et le fromage. C'est la même chose ici. Je m'empare rapidement de ce que je trouve. Dans un autre placard, une miche de pain, je la fourre dans ma musette, traverse le couloir, en courant cette fois, ouvre la porte d'entrée, et détale dans les bois.

C'était simple, finalement. Dans une ferme les gens travaillent au-dehors, ou dans la grange, ou dans les étables. Ils sont rarement à l'intérieur. À moins de tomber sur une femme comme Marthe qui fait de la couture ou du tricot. J'ai eu de la chance. Un gros morceau de lard, du fromage... Soudain, je revois quelque chose, dans ce garde-manger : un œuf ! Je ne l'ai pas pris. Je voulais aller trop vite. Dommage, j'aurais pu le gober, comme chez grand-père. Je n'ai pas d'aiguille, mais on trouve toujours quelque chose pour remplacer une aiguille.

J'ai aussi oublié les chaussures. J'aurais pu prendre le temps de dénicher un imperméable, une autre veste, il y avait sûrement des vêtements quelque part. La faim m'a précipitée. La prochaine fois, j'organiserai mieux mon expédition.

Le fromage dans ma bouche, le pain sous la dent. Je n'engouffre plus la nourriture comme je le faisais chez cette femme. Je la savoure et la compte en petites bouchées, en grignotage savoureux. Je l'écoute sous la dent, l'accompagne dans sa descente jusqu'à mon estomac.

Ce que j'ai pris pour un morceau de lard est en réalité de la viande crue. D'un rouge sombre et luisant. Marthe découpait de petits morceaux de viande à la ferme, avant de les faire cuire. Elle m'en donnait parfois à goûter crue, je la dévorais exactement comme les chiens. J'aime la viande. J'en ai mangé très peu jusqu'ici, les rations étaient rares et précieuses, sauf chez «Elle», où j'ai englouti chaque assiette de viande, comme une «malpropre», disait-elle... Je sors mon couteau, coupe une tranche fine, arrache la pulpe avec les dents et mâche. Un vrai délice. Le goût de la viande crue est un délice.

Un bruissement me fait sursauter en plein festin. Quelqu'un à ma poursuite ? Un chien. Squelettique. Je l'ai aperçu il y a quelque temps sur le bord de la route. Il me regarde avec prudence. Il n'avance pas. Il a senti la viande, il est affamé autant que moi, peut-être plus. Le museau bas, le regard en dessous, prêt à fuir, il attend. Je coupe un petit morceau de viande, le lui tend, mais il ne s'approche pas, méfiant. Il a peur des gens, lui aussi, il n'est pas aimé comme Ita et Rita à la ferme. Je lui lance le bout de viande, à mi-distance. Il avance, flaire d'abord, puis engloutit. Je coupe une autre tranche, et partage avec lui. Il est à mes côtés à présent, il a compris, il regarde mon couteau, la viande, ma main, il prend, mange, je fais comme lui. Nous avons bientôt fini d'avaler le tout. Je lui caresse les oreilles, lui gratte le cou, il me lèche la main, et je me mets à jouer avec lui comme à la ferme. Il roule sur le dos, éternue de plaisir, les pattes en l'air, puis vient se frotter à nouveau contre moi. Il est si maigre que je sens ses côtes à travers ma veste. Je tends mon visage vers son museau pointu, et il me débarbouille la figure d'un grand coup de langue amical.

Nous repartons ensemble à travers bois. J'ai un copain. Il trotte au même rythme que moi, me précédant le plus souvent, s'arrêtant pour écouter en tournant de bons yeux attentifs dans ma direction. L'air de dire : «Alors ? On continue ?» On continue jusqu'à la nuit. Je prépare ma couche dans le sous-bois, écarte les pierres, rassemble les feuilles, ma veste étalée par-dessus. Je m'allonge et il se couche contre moi. Nous nous tenons chaud, en odeur et en reconnaissance. Ma meilleure nuit de sommeil depuis que j'ai fui.

Il m'a accompagnée ainsi jusqu'à la sortie du village, le lendemain à l'aube, alors que nous étions sûrement loin de sa ferme. Il m'a laissée continuer, en s'arrêtant simplement, immobile sur le bas-côté de la route, l'air de dire : « Je rentre chez moi. Bon voyage. » Lorsque j'ai regardé en arrière, une dernière fois, il était de dos, trottant en sens inverse de ma direction.

J'en ai rencontré souvent, de ces chiens errants ou venus de fermes isolées. Ils m'ont suivie, accompagnée eux aussi, partageant la maigre nourriture que je possédais. Mes seuls compagnons de route, à qui je pouvais parler, avec lesquels j'échangeais de la tendresse, des caresses et des victuailles.

La nuit, seule au pied d'un arbre, ou recroquevillée sur ma veste, je ne sais à quoi je pense. Je souffre différemment. Chez cette femme qui prétendait me servir de mère, courber la tête était plus douloureux que ma liberté présente. J'ai peur, mais la solitude et le silence me rassurent parce qu'ils sont synonymes de liberté. J'ai froid, mais le corps et le regard d'un chien me sont plus précieux qu'une couverture. J'ai faim, mais tendre mon assiette était plus pénible. Parfois, je regarde le ciel : s'il est clair et parsemé d'étoiles, il me protège ; s'il est sombre, agité de nuages encore plus noirs, il est en colère contre le reste du monde. La guerre, j'ignore ce qu'elle représente. On m'a pris mes parents, on m'a volé ma mère, c'est tout ce que je sais, et la rage de la retrouver m'est venue avec la raison. Avant la carte de grand-père, avant les drôles d'études qu'il m'a fait suivre, j'étais dans le vide, inculte et désorientée, sans repère. Je marche vers le lever du soleil, vers l'est, là où est ma mère.

Les villages sont de plus en plus éloignés les uns des autres, et les garde-manger aussi. Au village suivant, je me sens plus sûre de moi et suis décidée à profiter au maximum de mon incursion dans une ferme. Il me faut non seulement de la nourriture, mais un manteau, quelque chose d'imperméable.

J'utilise la même tactique que précédemment. Après avoir surveillé les alentours du bâtiment, je cours jusqu'à la porte d'entrée, écoute, regarde par la vitre, ouvre la porte, et me faufile.

Je ne trouve qu'un pardessus d'homme bien trop grand pour

moi et trop lourd. Mais sur la table de la cuisine, une toile cirée !
Comme chez grand-père. Je repars très vite avec ma trouvaille,
et, à l'abri des bois, commence à découper un trou au milieu,
pour pouvoir y passer la tête. Fière de moi, j'enfile la cape
improvisée qui va me protéger non seulement de la pluie, mais
du vent d'hiver.

Hélas, ce n'est pas l'idéal pour marcher. Elle est trop longue,
je me prends les pieds dedans, et trébuche. Et à la première
grosse pluie, l'eau glacée pénètre par la fente, s'infiltre dans
mon cou, en rigole obstinée qui trempe ma chemise. Je m'en
sers alors comme isolation pour dormir la nuit, mais le trou est
toujours un inconvénient, il laisse passer l'humidité du sol.

J'en trouve une autre à ma prochaine incursion, que je garde
intacte pour dormir dessus. Et je garde l'autre roulée comme un
saucisson, pour me protéger la nuque.

Dans les fermes suivantes, outre la nourriture que j'emporte,
je vole des chaussures. À chaque ferme, une paire de chaussures.
Une vraie collection au fil du temps. J'ai gardé mes sandales de
fillette, pour enfiler mes pieds dans ces chaussures toujours trop
grandes pour moi. Je n'en trouve jamais une qui aille un tant
soit peu à mon pied. Comme s'il n'y avait jamais d'enfants dans
ces fermes. Ou alors, ils n'ont qu'une paire de galoches à leurs
pieds !

Les chaussures sont devenues une véritable obsession. Je suis
presque sûre de trouver de quoi manger : dans une cuisine, il y
a toujours quelque chose à voler, parfois des merveilles.
Tranches de lard succulentes, carottes, patates dans un panier,
biscuits dans une boîte. Le sucre est très rare. Oignons, œufs,
viande crue ou cuite. Le lard est le plus fréquent dans un garde-
manger, et les œufs aussi. J'arrive toujours à contenter ma faim
et, lorsque je ne trouve rien, il y a les auges à cochon, pleines
de céréales et de graisse. Une bouillie qui cale bien l'estomac.
Mais les chaussures font mon désespoir. J'ai les pieds écorchés,
en sang. Les pieds deviennent plus importants que l'estomac. Je
peux me passer de manger longtemps, je trouve toujours un
endroit pour boire, mais pas de chaussures dignes des longues

marches que j'accomplis tous les jours, de l'aube au coucher du soleil.

Une paire de sabots « brabançons », comme ceux que portait grand-père. Impossible de marcher avec ça. C'est bon pour le travail à la ferme. Une journée entière à traîner la patte à cause de cette trouvaille que j'avais jugée géniale. Des chaussures de garçon, mais trop grandes. Même bourrées de feuilles et de mousse, elles ne me tiennent pas au pied, et ralentissent ma marche. Des galoches d'homme en caoutchouc, souples et imperméables. C'est déjà mieux, mais je dois les bourrer de papier journal à la ferme suivante. Et le lendemain, mes pieds sont tout noirs de l'encre d'imprimerie. Il me faut des chaussettes. Mes incursions dans les fermes sont trop rapides pour que je trouve l'emplacement des chaussettes. Et l'hiver, elles ne sèchent pas dehors. Rien sur les fils à linge, à part quelques torchons gelés, parfois.

Un matin au réveil, je retrouve mes sandalettes de petite fille tordues et gelées, dures comme de la pierre. Impossible de les enfiler. Je dois les abandonner sur place. Bonne leçon, la prochaine fois je ne retirerai pas mes chaussures pour dormir. Même si mes pieds sont en sang et en croûtes. Trouver des chaussures, l'obsession est quotidienne.

Mais je suis déjà bien organisée. L'approche d'une maison est planifiée. D'abord l'observation, longue et patiente. Attendre que les habitants sortent, s'éloignent.

Pendant ce temps compter silencieusement le temps qu'ils mettent à disparaître de ma vue. Un... deux... trois... quatre... quinze... il est entré dans la grange, ou à l'étable... Vingt... trente... cinquante... il est aux champs. Lorsque les gens sont aux champs, j'ai du temps devant moi. À condition que la femme de la maison soit dehors elle aussi.

Une fois le chiffre maximal en tête, je passe à l'action en recomptant au même rythme... Un... deux... je marche jusqu'à la porte, je surveille l'entrée, j'ouvre, je pénètre dans les lieux, je visite. Remplir ma musette, chercher les chaussures ou un vêtement qui me convienne. Je compte même le temps de glisser du pain dans ma musette, de fouiller un placard ou un tiroir.

Le temps qui m'est alloué est très important, il représente le temps du retour possible des habitants que j'ai vus sortir.

Pour être encore plus efficace, je prépare la liste de mes courses, la veille avant de m'endormir. Parfois je rêve à de la confiture de fraises, et trouve de la rhubarbe. Et au rythme de mes expériences, bonnes ou mauvaises, j'affine mon plan d'attaque.

Les choses sont presque toujours rangées au même endroit, dans une cuisine. Les légumes et les conserves dans le cellier, la viande et les fromages dans le garde-manger avec les œufs. Le pain dans un placard, avec le sel ou le sucre. S'il y a une marmite sur la cuisinière à bois, elle contient forcément quelque chose, mais je ne peux qu'y plonger la main pour avaler une poignée ou deux. Pas question de récipient à remplir. Les vêtements chauds, veste ou tricot, sont dans la même armoire sur un palier, ou accrochés derrière une porte.

Mais les chaussures... il est rare qu'elles ne soient pas aux pieds de leurs propriétaires, ou planquées à l'étage, où il n'est pas question que je m'aventure. Je ne trouve que des sabots, d'immenses galoches, ou des chaussons trop minces pour marcher.

Dans les hameaux que je traverse parfois sans trop de crainte, j'essaie de passer pour une mendiante de passage. Mais ça ne marche pas. La dernière fois que j'ai tenté l'expérience, une femme m'a insultée en me traitant de vermine, et j'ai dû fuir à toutes jambes.

Un jour, après avoir suivi une rivière pendant un certain temps, j'arrive à proximité d'un petit village qui semble désert. Il me semble avoir lu un peu plus tôt un panneau indiquant Marche-en-Flamenne dans un sens, et Dinant dans l'autre.

La rue principale est vide. Au bout de cette rue, une église. Des hommes assis sur les marches. Plus j'avance et plus je me rends compte qu'il s'agit de mendiants. Leurs vêtements sont en haillons, leurs pieds emmitouflés de chiffons tenus par de la ficelle. Je leur ressemble. Les visages abîmés par la pauvreté, les yeux parlant de froid et de faim. Je n'ai pas peur de m'asseoir comme eux sur ces marches, aucun d'entre eux n'a fait attention à moi, ni ne m'a interpellée. Il y a même une femme avec un bébé sur les bras. Elle semble dormir, penchée sur son enfant, le dos si courbé que je ne vois pas son visage. Alors je comprends ce qu'ils attendent. Une petite foule sort de l'église, au son des cloches qui carillonnent. Les mendiants s'agitent faiblement, tendent la main en pleurnichant vers ces gens chaudement habillés qui les regardent à peine. Les bras se tendent automatiquement, les gémissements sortent des poitrines maigres, les mains ouvertes cernent les passants. J'observe la scène quelques instants avec crainte sans bouger.

Tendre la main ? Je déteste demander quelque chose. À ma mère je pouvais demander, mais chez « Elle » j'ai appris à accepter ce qu'on me donnait, à ne jamais demander. Mon ventre gargouille. Alors je tends moi aussi la main, paume ouverte, comme les autres. Rien ne se passe. Il faudrait gémir, se lever, implorer, ce que je ne sais pas faire. Pourtant un homme se penche et dépose une pièce dans ma main, que je regarde avec étonnement. J'attendais du pain, quelque chose à manger. Je ne peux rien faire d'une pièce de monnaie. Si j'entre dans une boutique pour y acheter quelque chose, on me demandera d'où je viens et ce que je fais là. Je glisse la pièce dans ma musette, j'ai compris qu'il faut faire comme la femme à l'enfant, tendre une main et montrer sa bouche de l'autre pour faire comprendre la faim. Une vieille femme s'immobilise devant moi, et semble comprendre, car elle me fait signe d'attendre. Elle traverse la place, entre dans une boutique et revient assez vite avec un gâteau dans un papier. Une couque au beurre saupoudrée de sucre ! Il y a aussi un petit pain rond, que l'on appelle « pistolet » en Belgique. Je prends l'offrande sans un mot, baisse la tête, et engloutis deux bouchées, avant de faire disparaître le reste dans ma musette. La place se vide, les mendiants commencent à partir. L'un d'eux se déplace dans une caisse à roulettes, on ne voit que le buste et les bras qui propulsent son engin dans un bruit de ferraille. Il me fascine, car beaucoup de pièces sont tombées dans sa main. Cet homme n'a pas de jambes pour marcher, il roule laborieusement dans la rue, et je le suis. Au coin de la place, il se dirige vers une rue étroite, s'arrête devant une maison de briques, sort de sa caisse, debout sur ses jambes, fouille dans sa poche pour y trouver une clé.

Juste avant de rentrer chez lui, il me regarde droit dans les yeux, m'adresse un sourire complice, fait rouler la caisse d'un léger coup de pied à l'intérieur et disparaît.

J'en reste stupide. C'est donc ainsi qu'il faut procéder ? Avoir faim ne suffit pas ?

Je reprends mon chemin en réfléchissant au système. La prochaine fois que je mendierai, j'aurai mal quelque part, un bras blessé, par exemple. Pas question d'entraver mes jambes : ma seule défense, si quelqu'un veut me parler, c'est de courir.

Je marche dans les champs pelés par le début de l'hiver. Plus rien n'y pousse. Des volées de corbeaux s'abattent autour de moi, dans les sillons labourés et nus. Ma présence ne les dérange absolument pas, ils se contentent de sautiller un peu plus loin, fouillant la terre de leurs pattes et de leurs becs. Le corbeau est malin, il sait qu'après le labour d'automne les champs des paysans recèlent encore des provisions dont il se régale. Graines éparses, légumes desséchés, abîmés par les bêches, pommes de terre éventrées... Je fais comme eux.

La neige commence à tomber la nuit. Dans mon lit d'aiguilles de pins, je me réveille au milieu d'une couche glacée et fine, légère comme de la dentelle froide. En sortant des bois pour suivre la route, j'ai du mal à regarder au loin : la neige étincelle, le givre scintille. Les meules de foin ont l'air de gros morceaux de sucre. Le fossé que je longe craque sous mon pas.

Le premier étang que je rencontre est lui aussi recouvert d'une fine couche de glace, et les roseaux sont devenus gris argent. Je dérange les oies sauvages, et repère une piste. Des pattes ? Je suis trop loin des habitations pour qu'un chien soit passé par là. Ce doit être un renard.

Mes chaussures d'homme bourrées de papier ne m'empêchent pas de couvrir chaque jour une assez bonne distance. Je ne m'arrête pas avant la nuit, je mastique des petites portions de mes réserves, en marchant toujours. Certains panneaux indicateurs me rappellent des noms vus sur la carte de grand-père, mais je ne peux me fier qu'à ma boussole pour atteindre l'Allemagne, en passant par les Ardennes. Il est impossible d'y aller en ligne droite comme le faisait la pipe de grand-père, je le sais bien. Certaines routes font des détours. La boussole m'entraîne parfois loin d'elles, je me retrouve devant des terrains escarpés, des ruisseaux à franchir, ou des rivières. Je me trompe en suivant trop longtemps les berges, à la recherche d'un pont.

À certains endroits les bois disparaissent, je dors dans une meule de foin si j'en trouve, ou dans un bosquet, mais je n'aime pas être trop à découvert pour dormir. Le jour, j'ai moins peur de rencontrer des gens, de traverser un village ou une ville. Personne ne cherche à me parler. Ce que je craignais le plus ne se produit pas. Les gens ne s'intéressent pas à cette gamine seule et en guenilles. Je suis une pauvresse, une mendiante. C'est drôle comme les humains répugnent à s'intéresser aux déshérités. Un soldat allemand m'a même tendu un bonbon. Je l'ai pris et je l'ai jeté. Je ne sais plus qui avait dit dans mon enfance qu'il ne fallait pas les manger, parce que c'était du poison. «Elle», peut-être. Lorsque je me parle intérieurement, je fais une énorme différence entre ma vie chez «Elle», et ma vie présente. Là-bas, j'étais petite. «Quand j'étais petite, je ne savais pas ceci, ou cela...»

J'ai un passé depuis que je marche en direction de l'est à la recherche de mes parents. Il y a *Avant*. Et *Maintenant*. Avant je subissais, je n'étais qu'une enfant. Maintenant je suis grande dans ma tête, je marche pour retrouver mon père et ma mère.

Je me retrouve devant une inscription sur un pont. «La Meuse». Sur la carte de grand-père, le tuyau de sa pipe suivait le fil bleu dans une vallée à travers les Ardennes, jusqu'en Allemagne. M'y voilà, je suis dans la bonne direction. Mais la boussole n'a pas l'air d'accord. Elle dit que le fleuve se dirige vers le sud, pas vers l'est. Je réfléchis. Le fleuve fait des tours et des tours, je suis probablement dans un tournant qui m'indique le sud. Le grand fleuve est presque désert. Grand-père disait que de gros bateaux s'y promenaient, mais j'en vois très peu. Il y a des barques immobiles le long des berges. C'est plat et tranquille. Je cherche un moyen de traverser, je vois des gens de l'autre côté, mais la distance me paraît immense. L'eau a l'air trop profonde, je ne peux pas entrer dans l'eau toute habillée, et ressortir de l'autre côté, comme je l'ai fait pour de petites rivières. Je ne sais pas assez bien nager pour franchir une aussi longue distance en barbotant comme un petit chien. Je suis inquiète, arrêtée dans ma course. Il faut trouver un pont, et je n'en vois pas. On va trouver un pont. Souvent je me dis «on», comme si je n'étais jamais seule, au moment de décider quelque chose, de m'orienter. Je reproduis le langage de grand-père, qui disait souvent : « On va t'apprendre la géographie, on va t'apprendre à trouver le nom des plantes du jardin, on va t'expliquer comment on fait ça... »

On va marcher le long de cette berge, jusqu'à ce que l'on trouve un pont. On verra bien. Je regarde les petites vagues se cogner doucement au flanc des barques. Un remous, une deux, trois petites vagues, pan sur la barque. Compter les pas, compter les arbres, compter les maisons. C'est ma façon de marcher. Compter les lunes, ma façon de repérer un peu le temps qui passe, mais vaguement. Je marche depuis une douzaine de lunes ?

Le soleil, en se couchant sur la Meuse, fait de drôles de reflets rouges. C'est la première fois que l'horizon est si large. Que je vois si loin devant moi. La nuit passe un bateau silencieux, sombre, dont le sillage fait plus de bruit sur la berge. J'ai mal aux pieds. Les chaussures m'entaillent les orteils, me blessent au talon. Je cherche une maison pour en voler. Au matin j'en choisis une, dont la porte vient de se refermer sur quelqu'un qui sort. Je fais le tour, trouve une fenêtre qui n'est pas close, et me retrouve dans un salon. Je n'ai même pas le temps de réfléchir. Par la fenêtre qui donne sur la rue je viens de voir un homme arriver à bicyclette et s'arrêter devant la porte. Je repars en courant par le même chemin. Bredouille. Ni nourriture ni chaussures.

Dans la même journée, j'ai plus de chance. Le fumet d'une poissonnerie. Une baraque dans laquelle un feu de bois embaume le poisson séché. Le loquet n'est pas fermé. Je découvre une armée de petits poissons bruns sur des clayettes suspendues au-dessus des braises. Je n'en ai jamais vu autant. Je remplis ma musette et mes poches pour quelques jours. Vole une paire de bottes bien trop grandes, mais souples.

Je sens si bon, en reprenant mon chemin, que deux ou trois chiens m'accompagnent avec enthousiasme. Je n'ai toujours pas de vraies chaussures, mais le ciel va m'aider. De l'autre côté de la rue qui longe la berge, une bicyclette d'enfant est appuyée contre une haie. Personne alentour. Je m'en empare très vite, cours en la poussant par le guidon, et saute sur la selle, les jambes écartées. L'engin est plus petit que moi, j'ai du mal à pédaler, mais je roule. Je roule si bien, avec mes poissons dans ma musette, que je retrouve la forêt. La vraie, profonde, avec de grands arbres serrés les uns contre les autres. Jusque-là j'ai couru les bois et les champs, presque toujours sur le plat. Devant moi des collines. La bicyclette ne me sert plus à rien. Je l'abandonne contre un arbre. On va réfléchir. L'Est tourne le dos au fleuve. Ces collines de forêts, ce sont les Ardennes que je dois franchir, plantées de hêtres gigantesques et de conifères. C'est si beau. Même sous la pluie, les arbres ont l'air de toucher le ciel, avec des chapeaux de lumières en arc-en-ciel. Je me tords le cou, me brûle les yeux à les regarder. À mes pieds la forêt est sombre, les troncs immenses et tout nus avant les premières branches. Le silence intimidant. Je grimpe entre les arbres, une pente assez forte, à la recherche du plat. Je m'enfonce dans un univers inconnu, mais si beau. J'aime tant les arbres. J'ai dessiné des arbres quand j'étais petite, presque toujours les mêmes, des pommiers petits, au feuillage vert, en boule, avec des pommes rouges dedans.

Ces arbres-là sont les vrais rois de la forêt. Je marche dans un royaume. Il y a des ravins, de hautes falaises, de l'eau qui sort des rochers, luisante et fraîche. Ou des cascades immobiles, pétrifiées. Je suis minuscule dans ce monde vert, sombre, si bien cachée du monde. Au fil des jours la neige s'accroche sur les branches, de petits paquets en tombent parfois, puis les flocons arrivent en masse, je marche sur un tapis douillet, le vent fait des tourbillons blancs autour de moi.

Mais ce monde est désert, sans maisons et sans fermes. Les oiseaux se taisent. Les ruisseaux sont gelés. Je m'agenouille pour casser la pellicule de glace et boire à petites gorgées, lentement. Mon estomac se glace lui aussi en recevant l'eau pure.

Tout à coup, j'entends un bruit, une cavalcade, un troupeau qui déboule vers moi. Je recule d'un bond pour me cacher. Ce sont de petits sangliers ; ils courent tellement vite que je ne vois passer que leur derrière. Une joie me fait crier : « Je suis chez moi ! C'est ma maison ! » Je la désirais, cette forêt. Je chante en marchant. De l'autre côté, l'Allemagne, mes parents. Ici, personne ne peut m'atteindre, l'abri est trop profond. Je vais marcher, dormir, marcher et dormir. Ma provision de poissons séchés devra tenir jusqu'à l'Est !

Joli mois de mai, quand reviendras-tu,
m'apporter des feuilles pour torcher mon cul ?

Calculer les distances n'est pas mon fort. Et je m'en moque, seule compte la direction. La nuit est dure ; très souvent, je gèle. Au réveil, mes vêtements sont raides, mon nez paralysé. Un jour j'arrive devant un lac immense, qu'il me faut contourner. Je n'en vois pas la fin. Mais j'ai de la compagnie. Les oies sauvages, le bruit de leurs ailes qui passent en rase-mottes à la surface de l'eau, leurs cris de batailles. Il y a tant de grands oiseaux différents. Ceux à grandes pattes, ceux qui ont une aigrette sur la tête, comme un chapeau. Des hérons…

Le lac n'est pas très profond, puisque les grands oiseaux aux pattes fragiles s'y promènent à pied. Ils y trouvent des poissons frais que je pourrais manger aussi, si j'arrivais à les attraper. Mais je n'ai pas leur habileté. Et la vase est verte, noire, visqueuse, elle aspire mes bottes si j'essaie de m'aventurer plus loin que la berge.

J'ai repéré des traces d'animaux, il y en a partout, en fait, mais aussi des traces d'hommes. Puis je suis tombée sur le premier piège, un lièvre pris au collet, que j'ai détaché vivement, et qui m'a griffée en signe de reconnaissance. Encore d'autres pièges, des animaux morts. Les environs de ce lac ont l'air fréquentés par les chasseurs de gibier.

Un jour je m'arrête brusquement dans les roseaux. Deux hommes sur la berge, occupés à installer un piège. Ils ne m'ont pas entendue venir, mais moi j'ai perçu leurs voix de loin. Je m'accroupis pour les observer. Ils parlent français avec un accent particulier. J'entends :

— L'été dernier, ici j'ai arraché plus de vingt sangsues de mes jambes !

— C'est le pays des vampires. Si les sangsues ne te mangent pas le sang, c'est les moustiques.

Les sangsues ne m'inquiètent pas, j'ai fait leur connaissance. Grosses comme mon orteil, accrochées à la base des roseaux. J'en ai même vu sur le ventre des poissons. Sur moi aussi. J'en trouve régulièrement sur mes vêtements. Elles ne peuvent pas atteindre ma peau, et je m'en débarrasse facilement. Ce qu'ils appellent moustiques, je connais aussi. Ils m'ont dévoré le visage et les mains, et je ne cesse de gratter et de sucer mes plaies boursouflées. Grand-père m'avait parlé de lièvres, d'oies sauvages, de hérons, de marcassins, de loutres avec une grande queue plate. Mais pas de moustiques.

La nuit, j'entends parfois les loutres siffler et grogner. Elles dorment dans un trou creusé sur la berge. Le jour, on les voit jouer dans l'eau avec des bouts de bois ou des cailloux. Elles ont l'air de rire, de discuter de tas de choses. Moi aussi je discute, je me parle toute seule. « On va essayer de manger ça. » Ça, c'est un fruit bizarre et acide, qui ne me plaît pas. Du sureau. « On va essayer de mâcher ça... » Une racine, un peu douce, couverte de terre, que j'ai lavée dans le lac. J'ai vu un lièvre en faire ses délices, pourquoi pas moi. Et on a trouvé des noisettes, des marrons. On a goûté aux fleurs de narcisse.

Un jour, j'ai découvert un drôle de petit animal, un bébé tout seul dans son nid de terre et de feuilles sèches. Une souris à long poils fauves, avec des moustaches, et un petit museau rigolo. Il était abandonné, sans famille. Je l'ai pris dans ma main, je l'ai nourri de petites graines cueillies sur des herbes hautes entre les roseaux, je l'ai fait boire à petites gouttes, avec mon doigt. Il est resté quelques jours avec moi, je le transportais entre ma chemise et ma peau. Un matin au réveil, j'ai décidé de lui rendre sa liberté. Je l'ai regardé s'en aller par petits bonds prudents, levant son museau pour renifler le vent, agitant ses minuscules oreilles à droite à gauche. « Tu n'as plus de parents ? hein ? Il faut marcher comme moi. Tu es tout seul. » Une chouette ou un hibou avait dû se nourrir de sa mère. Il était bien plus triste que moi.

Le soir je suis si fatiguée qu'après avoir fait mon lit je m'endors presque aussitôt. Je fais mon lit toujours très consciencieusement. Je repère un sapin avec des branches basses croisées, qui descendent jusqu'au sol. Elles font comme une tente au-dessus de ma tête. Je déroule ma toile cirée avec le trou au milieu et l'étale sur ces branches. J'ai un toit. Je creuse avec mes mains une tranchée dans les aiguilles, pour en faire une sorte de rempart de chaque côté de mon corps. Au fond j'étale l'autre toile cirée, ma musette comme oreiller. Une fois allongée je remonte mes genoux jusqu'au menton, glisse mes mains entre mes jambes, et je tombe dans un sommeil profond. S'il fait trop froid, je me recouvre de branches.

J'ai accumulé les vêtements volés les uns sur les autres, mis de la graisse sur mon visage gercé, mes mains et surtout mes pieds. Pourtant le froid me paralyse, et souvent je dois continuer ma route et chercher refuge ailleurs que sous les arbres. Marcher la nuit, encore, rapidement, presque courir en contrôlant mon souffle. Je parle au froid comme je parle aux étoiles dans le ciel : « Je n'ai pas peur de toi. Je ne vais pas mourir à cause de toi. Regarde je suis la plus forte !

Un jour, je trouve le creux d'un arbre mort et une litière abandonnée par un animal. Je bouche ma petite caverne avec de la neige et reviens y dormir souvent.

Une autre fois, le gel est si fort que je m'approche d'un hameau, pour me faufiler dans une grange, la plus écartée des autres maisons. Là, le bétail est au chaud dans la paille, l'air est tiède, humide de leur respiration. Je grimpe dans une mangeoire au-dessus des bêtes, m'enfouis dans la paille, et dors, mais aux aguets. Pour être sûre de pouvoir m'enfuir, j'ai décloué une planche de la paroi. En cas d'alerte je pourrais sauter dans la neige de l'autre côté. La peur d'être prise : l'humain trop proche de moi me terrorise encore plus que le froid. Je repars alors que le jour n'est pas levé, et change de grange les autres nuits. Les porcheries me plaisent davantage ; lorsque je m'allonge entre deux bêtes roses et chaudes, je suis en sécurité. Leur nourriture est solide, et s'il en reste quand j'arrive, elle me remplit bien l'estomac. Plus tard, j'ai découvert une grotte minuscule dans un rocher, elle est devenue ma maison des bois. Je me glisse à plat ventre à l'intérieur, referme l'entrée avec des branches et de la neige. Et là, enfin je dors en paix. Comme une bête sauvage dans son terrier. Les ongles de mes pieds ont poussé comme des griffes, depuis l'arrivée du froid, je n'enlève plus mes bottes.

« Elle » appelait grand-père un va-nu-pieds ! Une seule fois elle m'a accompagnée à la ferme, alors qu'il ne voulait pas la voir. Ils se sont disputés autour de la table de la cuisine. On m'avait envoyée jouer ailleurs dans le jardin, mais je suis revenue me cacher dans la pièce voisine, et j'ai surpris quelques bribes de phrases. J'étais inquiète, certaine qu'elle essayait de revenir chercher elle-même les provisions, et que je resterais enfermée chez elle, à faire le ménage ou à coudre des bêtises. Mais grand-père a tapé sur la table et a dit :

— Plus de beurre, plus de pommes de terre, plus d'œufs ! Plus rien !

Sur le chemin de retour, « Elle » se plaignait de ce « va-nu-pieds » qui osait lui faire du chantage. Et je ne valais rien moi-même, pas plus qu'une « poignée de haricots ».

En tout cas, je suis là. J'ai des bottes, et le printemps a changé la neige en pluie. Bientôt je serai de l'autre côté des Ardennes, en Allemagne. Là, je pourrai commencer à chercher mes parents. Maman.

Avant, je ne comprenais pas grand-chose à ma vie. Maman ne sortait jamais, pourquoi ? Pour que les Allemands ne nous attrapent pas. Papa est blond, avec des yeux bleus, moi aussi, nous pouvions passer pour des Belges. Mais pas elle.

Chaque nuit, au moment de dormir, je caresse mon oreille

entre le pouce et l'index, comme je le faisais avec elle. Et je me réveille dans la même position.

La rosée a pris la place du givre. J'ai rencontré un tapis de violettes si épais que j'ai pu me rouler dedans. J'en ai mangé comme des bonbons. J'ai grignoté de l'écorce de bouleau, des bourgeons de sapin, mâché du thym et des pissenlits. J'ai découvert une nouvelle façon de boire, au fil des ruisseaux qui dégringolent des collines. Les doigts bien croisés et serrés, formant une petite vallée en creux, je présente le dos de mes mains au filet d'eau. Je recueille ainsi une plus grande quantité de liquide que dans la paume. Le temps de porter à la bouche, et elle s'échappe, alors que dans le creuset de mes doigts elle reste assez longtemps pour que je n'en perde pas une goutte.

J'ai mangé de la viande de gibier, à demi dévorée par un affamé qui m'avait précédée. Je me suis nourrie, au hasard des trouvailles, de baies, de racines, d'avoine sauvage et de pousses tendres. J'ai mangé des larves d'insectes, grosses et blanches, et des myrtilles violettes. Des pissenlits tout entiers, racine comprise. En observant les lièvres, j'ai reconnu leurs plantes préférées et je les ai mangées aussi. En admirant les écureuils, j'ai grignoté les graines de pin. La faim me tiraille toujours, mais mon estomac s'est rétréci. Je suis sale, mais la saleté tient chaud. Je me gratte, mais je lèche les croûtes.

Tout était si beau ici, si magique et si calme, que j'écoutais le silence comme une prière. Lorsque maman allumait les bougies, je regardais le cierge orné de l'étoile, et elle priait dans le silence. Il y a des silences différents. Des silences heureux et des silences effrayants. Des silences qui chantent et d'autres qui crient au danger.

Le beau silence de ma forêt magique vient de se rompre. J'ai suivi un étroit sentier, atteint le bas d'une colline et reconnu des traces de vie humaine. Des roues de charrette ont laissé leurs empreintes dans la boue. Puis j'ai aperçu le toit d'une grange, très loin.

Et j'entends parler humain, tout près. La langue de mon père. Je suis en Allemagne.

5
À l'est de l'Est

Je suis terrée dans les broussailles d'un chemin de terre et j'aperçois un groupe d'hommes, peut-être quatre ou cinq. J'écoute et ne comprends rien de ce qu'ils disent : c'est bien l'accent de mon père. Grand-père, lui, parlait allemand avec l'accent belge, je sais faire la différence.

J'ai donc passé la frontière quelque part. Il me faut trouver maintenant le grand fleuve allemand. Et continuer vers l'est. Me cacher davantage encore, et surtout ne pas ouvrir la bouche. Ici plus qu'ailleurs les gens se serviraient de mes paroles contre moi.

Se cacher, disparaître, redevient le souci le plus important. Je n'ai pas l'impression d'avoir voyagé très longtemps. Rassembler ma mémoire, la défragmenter pour en recoller les morceaux est un exercice ardu. Pour un enfant, le temps n'a d'importance que devant les événements. Les moments forts, âpres ou heureux. Ce moment où je marche vers le Rhin est assez flou. Le premier choc a été d'entendre parler allemand, comme si tout à coup mon père était tout proche. Je n'avais plus qu'à avancer pour l'atteindre.

La marche est beaucoup plus aisée, l'Est droit devant mes yeux. J'arrive près d'une grande route, très large, ou passent beaucoup de voitures, et je la suis tout simplement jusqu'au fleuve.

J'attends la nuit pour traverser. Je suis tombée sur un pont beaucoup trop fréquenté, j'en ai cherché un autre, et j'attends, le ventre creux. J'aimerais bien visiter une cuisine ou deux, voler quelque chose de solide, du lard bien gras ferait mon affaire, du pain surtout. Mais les faubourgs de la ville vont me dissuader de toute tentative de ce genre.

J'ai dormi de l'autre côté du pont, dans un terrain vague, et au matin, au fur et à mesure de mes pas, je réalise que j'ai fait une erreur. Les croix gammées sont partout, sur les murs, les voitures, dessinées sur le trottoir. En longeant un terrain vague, j'aperçois une bande de jeunes garçons jouant aux soldats. Ils crient «Heil Hitler!». Un jour Léopold a fait cela en plaisantant avec un copain. Je commence à avoir peur. Les jours passés à fuir dans la forêt ne sont rien à côté de cette peur. Les gens qui ont emmené mes parents sont là. Je ne peux pas traverser cette ville au loin, et espérer y trouver de quoi survivre. Demitour. Je regagne les bois environnants, désespérée. Comment faire pour retrouver mes parents, si je ne peux pas sortir du bois?

Pour la première fois depuis mon escapade je me sens véritablement piégée. Il n'est pas question de retourner en arrière. Pour aller où? Et je ne peux pas avancer non plus. Jusqu'ici tout était si simple, il n'y avait qu'à marcher, voler dans les fermes, dormir dans la forêt. L'espoir était au bout de ma route. Je n'avais pas compris qu'il me serait impossible de chercher mes parents dans une ville. Qu'il fallait parler, demander, questionner. Dans ma tête de gamine obstinée j'avais imaginé Dieu sait quoi. Rencontrer quelqu'un et lui dire : «Je m'appelle Mischke, je cherche ma maman qui s'appelle Gerushah, et mon papa qui s'appelle Reuven.» Pas même un nom de famille à donner. Une mendiante de ma taille ne peut pas passer inaperçue dans cette Allemagne triomphante et propre. Si je tombe sur des uniformes, ils vont m'attraper. Je pleure toute seule, le derrière par terre, les poings sur les yeux, avec le sentiment d'être si près d'eux, et encore plus perdue que jamais. J'ai peur, sans le réaliser vraiment, que mon entreprise soit aussi désespérée que moi.

Et je repars, parce qu'il n'y a rien d'autre à faire que continuer, au hasard, mais en évitant les villes. Marcher dans les forêts, n'en sortir que pour dénicher quelque chose à manger dans les champs. Des pommes de terre encore vertes. Je les mange avec la peau, sur place, j'en remplis ma musette, je ne trouve rien d'autre. Il me faudrait une maison isolée, une ferme comme en Belgique. J'aperçois bien une cabane isolée un jour, mais ne m'y risque pas. La peur est alors plus grande que la faim, et pourtant j'ai mal au ventre de famine. Commence alors une errance que je ne peux pas compter ni en lunes ni en levers de soleil. Je marche toujours vers l'est, mais dans l'inconnu allemand. En plein cœur de l'ennemi. Cherchant à ne pas trop m'écarter des routes, pour repérer une maison propice à mes rapines, et n'osant pas marcher sur cette route, de peur d'y être capturée. Puis c'est la campagne, où les ouvriers agricoles sont autant de dangers. Je ne peux m'aventurer dans les champs qu'avant l'aube. Au premier rayon de soleil, les hommes sont déjà au travail. Alors je fais vite, trop vite pour emporter suffisamment de victuailles. Un chou. Les vergers sont inaccessibles, je me contente d'arbres sauvages, aux fruits minuscules et acides.

Les nuits, les jours s'accumulent sans que je trouve une orientation vers l'est qui me redonne espoir. L'impression de tourner en rond, tout en avançant. Lorsque la nuit est trop froide je me risque à dormir dans une grange. Sans réveiller les bêtes, ce qui n'est pas simple. Je découvre que le bétail comprend parfaitement la menace d'une intrusion silencieuse. Il détecte l'étranger sur son territoire et le prend pour un danger. Il vaut mieux pénétrer dans une étable avec assurance, flatter la croupe d'une vache, caresser des museaux, avant de s'installer dans la paille. Ne pas être l'ennemi sournois qui se faufile et surprend la bête. Elle donnera immédiatement un signal aux autres.

Dans une étable je ne peux que dormir au chaud. Pour trouver à manger, c'est une autre histoire. Il n'est pas question de pénétrer dans un poulailler où le vacarme serait immédiat en pleine nuit. Je prélève ma part sur le fourrage des vaches, sur la pâtée des cochons. Je me suis bien nourrie de cette pâtée, si peu appétissante pour des humains, mais qui remplit l'estomac. Remplir son estomac est la première des nécessités. Marcher, pour trouver à manger. Dormir pour repartir chercher à manger.

On ne pense à rien d'autre ou presque. C'est un fonctionnement qui vide la tête, on apprend des réflexes, des attitudes d'animal. Un autre monde. Souvent je dévore au milieu des groins de cochons qui fouillent, comme moi, les restes d'épluchures de toutes sortes nageant dans une eau grasse. Souvent je m'endors sous l'œil d'une vache qui écarquille les cils et souffle des naseaux avec inquiétude. Alors, avant de sombrer, je parle à la vache, je lui explique ce que je fais là, et je la remercie de partager avec moi, d'être généreuse. L'animal partage, pas l'humain. L'humain, il faut lui voler ce qu'il cache.

Un jour, j'ai la chance de tomber sur un stock de jarrets de porcs que l'on a mis au fumoir. Une aubaine. J'en ai déjà trouvé une fois dans une ferme des Ardennes. C'est un butin précieux. Surtout en raison de la couche de graisse sous la couenne. Un jarret de porc dure longtemps. On peut mâcher de la couenne toute une journée. Étaler de la graisse sur les gerçures, sous la plante des pieds, soulager les ampoules et les crevasses. Grand-père disait toujours : « Tout est bon dans le cochon, on peut manger la peau, les oreilles, le museau, les pieds, la queue, et la viande bien sûr ! Le cochon est le meilleur copain de l'homme, Mischke ! » En quittant la Belgique, grand-père et ses leçons, ma musette était pleine, mon corps aussi.

En Allemagne, il est de plus en plus difficile de trouver de la nourriture. L'été passe, l'automne arrive, et on rentre les moissons. Je ne trouve que des sillons arides dans les champs, où je partage les graines avec les mulots. Pour déterrer un navet, ou des pommes de terre qui ont échappé au cultivateur, je dois m'exposer complètement, au risque d'être repérée pendant que je fouille la terre à mains nues, ou creuse avec mon couteau. Les crampes me laissent sans forces, j'ai la sensation d'avoir avalé une bête qui me ronge l'estomac, le fait se tortiller, gronder, gonfler.

Je déterre des larves, des asticots, d'énormes vers que j'avale tout entiers. En désespoir de cause je mastique des feuilles, pour avoir l'illusion de manger. D'avaler, de remplir.

Grand-père disait parfois : « Qui dort dîne ! » Je dors. De faiblesse, sans pour autant calmer mon ventre. Je fais le rêve étrange de tomber, de disparaître dans un vide inconnu. Un ventre qui crie famine, je le sais, crie vraiment. Le mien hurle même si fort, un jour, que je regarde la terre. À plat ventre, seule dans la forêt, je la renifle et l'insulte.

— Donne-moi à manger ! Tu fais pousser plein de choses, alors donne-moi à manger ! Qui va me nourrir ? je n'ai plus de mère, c'est toi qui dois me nourrir !

Je pleure, j'arrache une poignée de terre et la fourre dans ma bouche, je me force à avaler, avaler. Ma tête tourne, je vois trouble. Il est loin le temps où j'étais fière de moi, dans les Ardennes, où je parlais aux arbres, aux écureuils, aux fourmis, en imitant les félicitations de grand-père : « Regardez comme je me débrouille bien ! Regardez comme je sais tout faire ! Je suis un petit chef ! Je suis fière de moi ! »

Maintenant je suis à genoux sur la terre que je supplie. Une main pleine de cette terre, le visage barbouillé de cette terre, je regarde le ciel et j'injurie le dieu de ma mère !

— Je donnerai mon âme au diable si tu ne me donnes pas à manger ! Tu n'es qu'un schmok ! Un bon à rien ! T'existes pas ! Prouve-moi que tu existes, donne-moi à manger ! Je veux que ça tombe maintenant ! Allez, que ça tombe ! Montre-moi le chemin ! Dis-moi où il y a une ferme, conduis mes pieds ! Mais tu sais rien faire ? T'existes pas ! T'existes pas !

Je crache la terre, je vomis la terre, j'insulte.

— Tiens, bouffe-la, ta terre ! Tu vas voir ! Tu te fous de nous ! Maman, pourquoi tu crois à ça ? Ça n'existe pas !

Je pense à la mort. J'ai vu des animaux crevés, rongés par les vers, pourrissants, ou déchiquetés par les rapaces. La mort, c'est ça. Le dieu de ma mère n'y comprend rien, mais moi si. On meurt et les autres vous mangent. Ou alors il faut manger les autres. J'ai tant de haine et tant de révolte d'avoir faim. C'est moi qui dois manger les autres !

Je pleure des larmes de terre, je vomis si fort, je m'étrangle dans mes insultes et dans la terre que je recrache. Une petite pierre est restée coincée entre mes dents, si profondément que je mettrai longtemps avant de l'extirper.

Je me suis habituée à la famine. Je traîne cette douleur sourde au fond de moi, comme une compagne qui marche avec moi. Un pas, encore un pas, avancer vers de la nourriture, en trouver quelque part. Je suis décharnée, moi qui étais si forte. Les muscles de mes jambes, maigres et durs, mes côtes me font mal, mon cou a froid dans le col trop large de ma veste.

J'en suis au deuxième hiver de ma fugue. Le premier ne m'a pas fait souffrir. Même la neige était supportable. Mais ici, il fait plus froid que le froid. Mes mains se paralysent, rouges et enflammées. Mes lèvres sont sèches, dures, boursouflées de gerçures, qui n'arrivent même plus à saigner.

Je rêve à une motte de beurre, comme celle que j'ai trouvée dans une cuisine en Belgique. L'étaler sur mon visage, en couvrir mes pieds, mes mains. Nourrir ma peau, comme je voudrais nourrir mon ventre. Au hasard des rapines, j'ai superposé des vêtements de toutes sortes sur mon corps, ils ne suffisent plus. Je dors toujours avec mes bottes de caoutchouc, j'en ai même déniché une autre paire, que je porte accrochée autour du cou.

Un matin j'ai si froid, si mal à un doigt de pied que je l'extirpe de la botte, pour arracher l'ongle avec mes dents. Mes dents et mes ongles me servent à beaucoup de choses. Mes dents sont solides, larges et bien coupantes. Elles déchiquettent, coupent, décortiquent, raclent. Mes ongles eux, sont devenus épais, durs comme des griffes.

J'arrache l'ongle trop long et douloureux, et je contemple mon pied déformé. Les blessures et les cloques durcies ne m'inquiètent pas. C'est la peau, elle est grise, sans couleur. Je ne sens plus rien. Je dois frictionner longtemps avant qu'un peu de rose apparaisse.

Je prends l'habitude, quand les nuits sont trop froides, d'envelopper mes deux pieds dans un chandail, de les fourrer dans ma musette, et de les ramener sous mes fesses, au maximum, pour dormir. Le dos contre un tronc d'arbre, les épaules ramassées, le cou rentré, les mains glissées sous les manches de ma veste. Une boule grelottante et affamée.

Puis je découvre un autre moyen de protéger mes pieds du froid, auquel je n'avais pas pensé. Les corbeaux m'en font le cadeau. Ils sont une douzaine dans un champ, rassemblés autour de quelque chose, se disputant pour l'approcher. Ma première idée, c'est qu'il s'agit de nourriture. Ils s'envolent à mon approche, fâchés, continuant à s'agiter à quelques mètres. Un lièvre mort. Je le ramasse et me rue à couvert dans le bois. En regardant l'animal, sa fourrure gris et rouille, je trouve l'idée : Je vais garder la fourrure pour doubler l'intérieur de mes bottes.

J'ai heureusement un autre couteau que le premier, volé dans une cuisine en Belgique. La lame est plus solide, plus large et plus longue. Racler la peau me prend plus de temps que de dévorer la chair de l'animal, mais j'ai bientôt la douceur du lièvre autour des pieds, sa chaleur. Je revis ce jour-là, provisoirement rassasiée, et capable de marcher sur la terre gelée, d'avancer la tête plus claire, sans ce vertige qui me clouait parfois sur place.

Dès que je parviens à la lisière d'une forêt, sans arbres pour me dissimuler, je suis bien obligée de marcher à découvert le long des routes, de traverser des champs à proximité de fermes. Mais je vois rarement des hommes, sur ces routes. Parfois un convoi de véhicules militaires, qui me fait plonger dans un fossé, ramper derrière un buisson ou une clôture. J'ai mis au point l'art de me dissimuler, instinctivement, sans jamais l'avoir appris. Cette faculté de sentir l'approche d'un humain, de voir de très loin arriver quelque chose ou quelqu'un, j'ignore d'où elle me vient. Je marche en silence, comme si j'avais des yeux derrière la tête et des oreilles tendues dans toutes les directions. Dans les paysages que je traverse, je flaire immédiatement le danger. Un autre pas que le mien sur une route ou un sentier, je l'entends. Un cri d'oiseau dérangé me met en alerte, comme la course invisible d'un animal dans les fourrés.

J'évite tout contact avec l'humain, autant que possible, c'est-à-dire presque tout le temps. Je ne parle et n'entends ma voix que lorsque, bien à l'abri, je m'adresse au ciel, aux nuages, à l'arbre qui m'accueille, à l'eau que je bois. Je n'ai de langage qu'avec la nature, et pourtant je parle dans ma tête, sans arrêt. À ma mère, à grand-père. « Maman, si tu voyais où je suis... »

« Grand-père, qu'est-ce que tu ferais pour trouver du lard ? » Et même à « Elle », cette femme qui a provoqué ma fuite en m'humiliant. Je lui crache au visage. Plus je couvre de distance, et plus l'amour de ma mère me soutient. La haine aussi. La haine de tous les autres qui ne sont pas ma mère ou mon père ou grand-père ou Marthe. La haine me fait marcher autant que l'amour.

Mon apparence doit être repoussante, mes vêtements en guenilles, sales, couverts de boue séchée. Mes cheveux emmêlés, que mes ongles n'arrivent plus à décoller de mon crâne. Je me gratte sans cesse. Je mange ce que je gratte. Les croûtes sur ma peau pour retrouver le goût de sang, de la viande. Les poux, pour m'en débarrasser. Parfois je coupe au couteau des touffes de cheveux ou je les arrache à la main. Je sais bien que je ne peux pas affronter un endroit habité. J'inverse maintenant le rythme de la marche. Avancer la nuit et marauder pour la nourriture. Dormir le jour.

Les premières nuits, j'ai trébuché, mes yeux avaient du mal à me guider dans l'obscurité ; je m'arrêtais souvent pour tenter de m'orienter. Lorsque la lune est pleine, j'y vois, je distingue même la minuscule aiguille de ma boussole. Lorsque la lune m'abandonne, je décide de ma direction au coucher du soleil.

J'arrive un jour à une voie ferrée qui va vers l'est. Suivre les rails luisants la nuit me fait progresser bien plus vite. Si les lumières d'une locomotive apparaissent, je n'ai qu'à disparaître quelques secondes derrière le remblai. La sensation de suivre un chemin rectiligne me rassure. Ces rails vont toujours vers l'est, je vais forcément arriver quelque part.

Je rencontre des chiens. Ils m'accompagnent parfois sur de longues distances, bien que je n'aie plus de nourriture à partager avec eux. La nuit, l'un d'eux s'allonge près de moi. Il m'écoute lui raconter mon aventure dans le désordre. Par moments je ne sais plus par où commencer. Les souvenirs s'embrouillent et se mêlent. Mes phrases ne sont plus complètes. Je sors des mots avec peine, articuler est difficile. Ma bouche affamée n'y arrive presque plus tant je la garde close. Est-ce que je parle à ce chien qui dort contre moi, ou est-ce que je lui *pense* des choses en silence ? Il est mon seul réconfort. La plupart du temps je suis seule dans la nuit glaciale. Seule dans ma tête. Je marche sans savoir où j'arriverai, seule demeure l'obsession de l'est. Où sont mes parents ? Où ? est-ce qu'il y a une fin à l'est ? Un lieu où ils sont ?

Les aboiements d'un chien m'attirent un jour dans un endroit dangereux. J'ai tant besoin d'une présence animale que j'avance au mépris de mes précautions habituelles, me croyant à l'abri dans un brouillard épais de fin d'hiver. Les mains tendues, désorientée, je m'approche en aveugle de ces aboiements surgis de nulle part. Je me cogne un peu dans les arbres, jusqu'au moment où j'atteins la lisière du bois. Tout est cotonneux, j'avance en terrain nu, et les aboiements s'amplifient. Encore quelques pas, et je fais une découverte inattendue. Les chiens sont quelque part derrière une clôture métallique, un fil de fer barbelé comme pour un enclos de vaches. Beaucoup de fils de fer, et très haut, en rangée régulière [1].

Je longe cette clôture bizarre, jusqu'à un panneau de bois planté devant. Il y a une inscription, en grosses lettres, que je déchiffre avec peine, lettre par lettre en me haussant sur la pointe des pieds. VERBOTEN.

Verboten. Je connais. C'est défendu. Papa disait : « Ne t'approche pas du balcon... défendu... Verboten... »

Je ne prends pas le temps de chercher à comprendre davantage ce qui est défendu ici. Les aboiements de ces chiens, derrière la clôture, me disent de me sauver en vitesse. Je sais également que si des chiens sont méchants, c'est que leur maître l'est aussi. Je sais reconnaître la voix d'un chien qui prévient, accueille ou menace. Et ils sont plusieurs à menacer. Je file à toutes jambes à l'abri des bois.

Mes repas, rares, sont faits de carcasses d'animaux gelés. Des oiseaux morts, des mulots. J'ai vu des empreintes de cerf, et les traces de ses dents sur les arbres, bien plus haut que ma tête. Je l'ai cherché sans le trouver. J'ai vu surtout l'empreinte des

---

1. Certainement un camp de concentration. Mais lequel ?

chasseurs. De grandes traces de bottes incrustées dans la boue gelée. Ma navigation solitaire à travers bois n'est plus sécurisante comme dans les Ardennes. Je me sens gibier.

Une nuit, j'ai tellement froid que je pense geler sur place. La neige tombe en averse, s'infiltre à travers les branches des pins et me recouvre. Ma toile cirée humide se transforme en glace. Mon corps tout entier laisse pénétrer le froid jusqu'à mes os. Je tremble sans arrêt, claque des dents sans parvenir à m'arrêter. Il faut que je marche. Je remballe mon lit de fortune, et avance. Avance, un pied devant l'autre, pour que le sang ne gèle pas. J'imagine que le sang à l'intérieur de moi peut geler comme il gèle à l'extérieur, devenir noir et dur, ne plus jamais couler. Alors je marche, même s'il fait encore jour, pour ne pas tomber.

Le sentier que j'emprunte est creusé d'une ornière double. Des roues de charrette. La neige et la pluie mêlées s'y logent. Je suis la piste. La nuit tombe, noire, intense, mes oreilles sont gelées, je n'entends même plus le vent. J'aperçois au loin une lueur jaune qui scintille par intermittence à travers la pluie. Elle me guide. Le chemin est long, le sentier s'élargit, la lumière est celle d'une maison. Lorsque je suis assez près pour la voir en entier, je comprends qu'elle est construite au milieu d'une clairière. Petite, basse, un sapin immense, au tronc énorme, planté devant elle. Je traverse la clairière en courant, le dos courbé, jusqu'au sapin. La lueur que j'apercevais de loin à travers la pluie et la neige vient d'une fenêtre. Un feu de cheminée. Je sens l'odeur du bois, la fumée. La fenêtre est proche. Une envie terrible d'entrer dans cette maison.

Terrible. L'envie de chaleur. Pas celle des humains qui s'y trouvent. Chaleur. Manger.

Le danger aussi, puisque les humains s'y trouvent. Je voudrais qu'ils disparaissent. Je voudrais entrer dans leur maison vide, me coucher devant ce feu rouge qui illumine la fenêtre. Dévorer tout ce qu'ils ont accumulé. Je reste là un moment, à regarder cette fenêtre, avec toute la haine du monde contre l'humanité.

Je suis repartie. J'ai marché, survécu à cet hiver que je trouvais si effrayant. Lorsque le printemps a fait mine de sortir, je me croyais arrivée au bout. Au bout du froid. Je ne savais pas que j'allais en connaître de bien plus terribles. De la fin de l'hiver au printemps allemand, j'ai marché dans le scintillement de la glace, pendue aux branches. Je cassais du verre transparent d'un coup de bâton. Je marchais sur une croûte de neige gelée, je buvais en léchant d'immenses gouttes accrochées aux buissons. Je mangeais ce que mangent les rapaces. De la chair morte, décomposée, des dizaines de petites victimes de l'hiver.

Puis je suis sortie des bois. J'ai vu des maisons alignées, impeccables, ornées de rideaux, avec des jardins, des clôtures blanches. J'ai guetté, pour voler à nouveau en territoire humain.

Je volais quand je pouvais, disparaissais jusqu'à la prochaine colline, la prochaine forêt, en rêvant que ma boussole allait me conduire à ma mère. Qu'elle pensait si fort à moi que je marchais forcément vers elle. Elle était vivante, c'était ma seule idée forte. Et je devais avancer, car retourner en arrière n'avait aucun sens.

Je rêve d'un jambon. Il y a des fermes par ici, et avec de la chance je devrais pouvoir remplacer celui qui m'a servi de repas si longtemps. Je longe un champ sur un sentier très étroit, protégée de deux haies. J'entends chanter. Je m'accroupis pour écouter.

> *Un beau jour de notre vie, le printemps refleurira.*
> *Liberté, liberté chérie, un jour tu seras à moi...*

Du français. Je glisse ma tête entre les broussailles. Deux hommes habillés de gris, coiffés de casquettes. Celui qui chante est appuyé sur une bêche, il s'étire, et l'autre travaille la terre. Des Belges, des Français ? Ma langue, en tout cas. Ils parlent ma langue. Tout d'un coup je me lève, un peu effrayée, et j'avance vers eux. J'ai trop faim, peut-être aussi besoin d'entendre encore leurs voix.

— Hé, regarde la môme !

Je me tiens à distance, prête à détaler. L'homme parle en

allemand, à présent. Je secoue la tête pour lui signifier que je ne comprends pas. Il s'adresse à son compagnon en français :

— Qu'est-ce qu'elle veut, la gamine ?

Alors je montre ma bouche, désignant la faim du doigt.

— Tu comprends le français ?

Je fais signe que oui.

— D'où tu viens ? t'es toute seule ? Tu t'es sauvée ?

Je ne desserre pas les dents. Ils insistent tous les deux, à tour de rôle.

— Où sont tes parents ? C'est ça que tu cherches ? Tes parents ?

Je ne dis toujours rien, mais, les yeux pleins de larmes, je hausse les épaules.

— Tu parles pas ? T'es muette ?

— T'es pas juive, des fois ? hein ?

— Si tu cherches quelqu'un par ici, tu trouveras plus personne, tu sais...

— Ils sont partis, tu comprends ? Loin ! Ils sont là-bas, à l'Est.

Encore l'Est. L'homme montre un horizon du bout de sa bêche. Un autre Est. Partis. Je comprends qu'il ne faut plus chercher de juifs par ici, c'est-à-dire en Allemagne. Que l'Est où se trouvent les juifs, mes parents, est encore plus loin. Fatigué d'essayer de m'arracher des réponses qui ne viennent pas, l'homme jette quelque chose sur le sol. Deux grosses pommes de terres.

— Prends ça, et file ! Allez, va-t'en vite !

Si j'avais parlé, j'aurais peut-être appris davantage. Et qui n'aurait servi à rien. Faire la muette me privait de renseignements, mais, en admettant que cet homme m'ait dit clairement : «Si tes parents sont juifs, ils sont peut-être en Pologne», cela ne m'aurait pas avancée pour autant. L'est de l'Allemagne, pour moi, c'est la Pologne sur la carte de grand-père. Je n'avais plus d'espoir depuis cet hiver affreux. Je ne savais plus où aller. Maintenant je sais.

Marcher encore en direction de l'est de l'Est.

6

Cœur de loup

L'observation est devenue une seconde nature. Observer pour comprendre le comportement d'un animal, ce qu'il mange, afin de m'en servir éventuellement. Observer, pour le simple plaisir, une colonne de fourmis transportant les restes d'un insecte. Observer pour voler. Une maison dans un village, les cloches d'une église qui sonnent à toute volée. Si les habitants de cette maison répondent à l'appel des cloches, ils vont sortir pour assister à la messe. J'attends.

Une petite femme habillée de noir sort la première, suivie d'un homme marchant à l'aide d'une canne. Encore un homme, plus jeune. Ils sont bien habillés. Je les observe d'un bosquet minuscule. Je me redresse lentement, puis m'accroupis à nouveau. La femme vient de faire demi-tour, et retourne à l'intérieur. Les autres l'attendent. Le soleil est haut dans le ciel, il fait chaud, des volailles s'agitent dans un poulailler derrière moi. J'attends, calmement.

Ici, j'ai moins peur qu'en Allemagne. Et j'ai acquis de l'expérience en matière de rapine. J'ai dû grandir, je me sens plus forte. Je suis arrivée en Pologne, comme j'étais arrivée en Allemagne, sans m'en apercevoir. Les frontières de la carte de grand-père ne se sont jamais concrétisées. Passer une frontière, pour moi, c'est arriver un jour dans un village, ou dans un champ, et entendre parler une autre langue. J'ai entendu que j'étais en Pologne, puisque les cultivateurs du premier champ que j'ai abordé, pour m'y servir en légumes, ne parlaient pas allemand. Je suis donc en Pologne.

Ma langue à moi n'existe plus à force de silence. Elle s'est réduite à quelques phrases échangées avec des chiens, un lièvre ou un oiseau. Mes plus longues conversations s'adressent au ciel. Je parle aux nuages : « Tu ressembles à un cheval au galop, où est-ce que tu vas ? » « Oh, que tu es joli ! On dirait un bonhomme avec un chapeau sur la tête... Bonjour, nuage ! » De temps en temps, je suis en colère, j'insulte le ciel qui ne me donne pas à manger, je le traite de tous les noms d'oiseaux entendus chez grand-père.

Le ciel est beau, aujourd'hui, il m'envoie une maison très facile à visiter.

La femme ressort, et les trois personnes en noir se dirigent vers l'église. J'attends qu'elles disparaissent au premier tournant. Je longe un petit chemin qui mène à un ruisseau, que je franchis sans difficulté en sautant sur des pierres. J'arrive à la porte arrière de la ferme, un tour d'horizon, personne en vue. Je me glisse à l'intérieur. La cuisine est très propre, elle sent bon le ménage du matin. Dans l'évier, une cruche recouverte d'un torchon, une tasse à côté. Je puise le lait, et l'engloutis tasse après tasse. Il dégouline sur moi. Un morceau de fromage jaune dans ma musette. La moitié d'un pain noir. Mise en confiance par l'heure de la messe qui vide les maisons, je ne compte pas, contrairement à d'habitude. L'église est à cinq minutes de marche, la messe vient de commencer, j'ai le temps de faire mon marché.

Le soleil est si chaud qu'en sortant je vais me percher sur le toit d'un clapier pour manger. Une position de guet idéale. Un pivert fait un bruit d'horloge sur un tronc d'arbre. Je me chauffe le dos et les épaules, les jambes ballantes, dévorant sur place le pain, le fromage et un morceau de viande crue. Je préfère me remplir le ventre plutôt que de transporter trop de victuailles dans ma musette et alourdir ma marche. J'engloutis au maximum tout ce que je trouve, je préfère un bon repas d'un coup, pour pouvoir tenir ensuite jusqu'à la nouvelle trouvaille.

Soudain deux mains me saisissent par les chevilles et me

jettent à terre. Un visage furieux me dévisage, hurlant. Je frappe au hasard avec mon couteau, la tête, la poitrine, partout où la lame peut l'atteindre, et l'homme recule, stupéfait. Je me dégage en vitesse, et commence à courir en direction du ruisseau et du bois d'où je viens. Mais il est derrière moi, je glisse sur les pierres, dérape et me retrouve à plat ventre dans l'eau, une douleur fulgurante dans le genou. Je me redresse, pour clopiner sur les pierres. La peur me donne réellement des ailes, je bondis sur la rive, me retourne. Il est toujours là, mais il s'est arrêté devant le ruisseau et ramasse quelque chose. Au moment où je reprends ma course folle en direction du bois, je reçois un choc violent dans le dos, et me retrouve encore une fois par terre, à genoux et étourdie. La grosse pierre m'a heurtée au milieu du dos. À moitié paralysée, mais prise d'une terreur folle, je bondis, cours, grimpe une petite colline à quatre pattes, et, arrivée au sommet, m'arrête une seconde. En contrebas, l'homme agite un poing menaçant. Il est resté sur place, il abandonne la poursuite. J'avance de quelques pas encore pour me mettre à l'abri des arbres, et là je tombe. Pliée par la souffrance. Une douleur épouvantable, au point qu'elle m'empêche de respirer.

Si je reste là, je ne pourrai plus bouger, il faut que je continue, même en rampant sur un genou. J'ai rampé longtemps, souffle court, toute ma volonté braquée sur la fuite, la distance entre le village et moi. Finalement j'arrive dans un vallon frais, à l'ombre, et me laisse aller sur la mousse.

J'écoute le silence, et dans ce silence je m'entends hurler de douleur. Jamais je n'ai hurlé de la sorte. J'ai eu mal, souvent, et je suis dure à la souffrance, mais le choc dans le dos m'a presque transpercée. Je hurle de douleur, de désespoir et de rage. Quelques minutes de confiance, de naïveté, et j'aurais pu être capturée, battue, lapidée. Prise, en tout cas. Me faire prendre est mon angoisse depuis le début, et cette fois je l'avais presque oubliée. J'ai relâché ma garde, je ne le ferai jamais plus. C'est le soleil, la chaleur nouvelle de ce printemps qui m'ont piégée. La proximité des victuailles, la facilité de mon calcul. Je me trouvais maligne d'avoir repéré ce nouveau système pour pénétrer dans des maisons vides. Les cloches de l'église, un signal évident, qui fait sortir les habitants de chez eux, comme des fourmis en quête de sucre. Je hurle, hurle, je fais sortir la peur, la souffrance, la solitude, la faim, l'injustice. Je hurle pour me soulager d'exister, du fond du ventre. Jusqu'à ne plus avoir de son dans la gorge.

Roulée en boule, le dos courbé pour soulager la douleur, mes bras entourant mon genou blessé, je reste longtemps à pleurer.

Soudain, je sens une présence dans mon dos, et me raidis. Il y a quelqu'un. On m'observe en silence, j'ai perçu un déplacement furtif. Je tourne la tête doucement, prête à m'enfuir de nou veau. Là, à quelques pas derrière moi, un animal superbe me regarde avec curiosité. Un grand chien au pelage gris, presque doré dans la lumière du vallon. Il est maigre, plus haut que moi. Un museau allongé, pointu, la gueule ouverte sur une respiration silencieuse, les oreilles dressées, et deux yeux clairs, d'un jaune vif.

Je le regarde, il me regarde. Je baisse la tête dans les épaules et fouille dans ma musette, pour en sortir un morceau de viande crue. J'en coupe un morceau et le pose sur le sol à côté de moi.

— Tiens, c'est pour toi...

Le chien ne bouge pas d'une patte. Il n'est qu'observation attentive, curiosité à mon endroit, et méfiance aussi.

— Viens, je ne veux pas te faire de mal...

Comme à mon habitude avec les chiens de rencontre, je cherche à l'attirer en douceur, pour partager sa compagnie.

— Tu es beau, tiens... Mange, c'est pour toi, c'est bon, tu sais...

Mais j'ai si mal que j'abandonne momentanément l'entreprise de séduction. Supporter la douleur exige une technique particulière, que j'ai apprise de force. D'abord reposer le corps, s'immobiliser, et l'oublier. Extirper le mal de sa tête. C'est difficile, ce jour-là. D'abord parce que je n'ai jamais été atteinte aussi violemment. J'ai souffert de plaies diverses, de gerçures sanguinolentes, ma peau s'est transformée en une sorte de carapace de lézard, desséchée. Je me lave peu ; si j'ai une plaie profonde, je la lèche, ou les chiens la lèchent. J'ai remarqué qu'un coup de langue d'un chien vaut mieux que tous les pansements que je pourrais inventer. Lorsqu'une plaie devient purulente, blanchâtre, je la gratte avec mon couteau, creuse pour la nettoyer. Cette douleur dans le dos ne ressemble à rien de connu. Le sang ne coule pas, quelque chose d'oppressant, de lancinant me taraude.

J'ai du mal à bouger. Le temps passe. Long et lent. Le chien m'observe toujours. Je déplace légèrement la tête pour l'observer à mon tour. Ces yeux jaunes soulignés de noir, fendus en amande, sont étrangement beaux. Il les détourne rapidement, mais reste là. Ce jeu d'observation réciproque dure encore assez longtemps, jusqu'au moment où je comprends qu'il n'aime pas que je le regarde dans les yeux. Certains chiens ont ce genre de comportement. Comme s'ils disaient : « Ne me regarde pas comme ça. Je viendrai peut-être vers toi. Laisse-moi décider. » Et moi je réponds : « D'accord, viens quand tu veux. »

J'ai dû sommeiller un peu, il m'a finalement approchée. Il tourne en cercle autour de moi, la tête dressée et les oreilles pointées. Je fais semblant de ne rien remarquer de son manège. Le jour décline, les ombres s'allongent dans le vallon, la douleur s'engourdit un peu dans mon dos, je voudrais dormir. C'est à peine si je vois l'animal plonger une gueule pointue sur le morceau de viande et s'enfuir.

Un chien abandonné comme moi. Un chien sauvage, comme je suis un petit humain sauvage. Je regrette qu'il soit parti si vite. La compagnie d'un chien me rassure, je peux partager nourriture et caresses, dormir contre son flanc. Le grand chien m'a laissée seule, il reviendra peut-être.

Je dors sur place, roulée en boule jusqu'au matin. La douleur est toujours présente au réveil, mais je dois m'éloigner encore, mettre une grande distance entre la zone habitée et moi. Je vais m'enfoncer au plus profond de la forêt, là où je ne risque que des rencontres animales, et elles ne me font pas peur. Je pense à cet animal qui a fui, il a dû être attiré par le hurlement que j'ai poussé. Il doit être quelque part, à errer. Si je l'appelais ?

Ça ne marche pas, mon cri n'a pas la même portée que la veille. Hier, je souffrais, il est allé loin dire ma souffrance.

Je m'arrête fréquemment, pour soulager mon dos, parcourant

suffisamment de chemin pour être rassurée sur l'absence de présence humaine.

Ce n'est que plus tard, en fin d'après-midi, que je décide de m'installer dans une clairière entourée de collines en pente douce. Le silence à perte d'oreille, la beauté tout autour de moi. J'examine les collines, apaisée, heureuse d'avoir déniché cet endroit où je vais pouvoir reposer mon dos le temps qu'il faudra.

C'est alors que j'entends le long cri, modulé. Là-bas, au faîte d'une colline, la silhouette du chien. Il est là ! Je hurle de la même façon que lui. Ce n'est pas un aboiement, mais une musique, qui commence doucement, par saccades de jappements, s'élève dans l'aigu, redescend dans le grave, et recommence à l'infini. Nous échangeons des saluts. Il se tait, je recommence. Je perds mon souffle, il enchaîne. Nous parlons. Je comprends que l'animal n'est pas un chien. C'est un loup. Si je l'ai rencontré si près d'un village, c'est qu'il est maigre et encore plus affamé que moi.

Je n'ai aucune idée précise sur le loup. Comme à la plupart des animaux, je leur fais confiance. Persuadée de toute façon que je ne crains rien d'eux. Je vis comme eux dans la nature, me nourrissant d'elle, je bois aux mêmes sources, aux mêmes étangs. Je me sens tellement proche de leurs habitudes, de leur comportement, que je suis certainement devenue plus animale que petite fille. Ma connaissance des animaux au sens humain du terme n'existe pas. Je les reconnais par simple observation, sans jamais les craindre, et en ignorant souvent leur nom. Par contre ma connaissance de l'homme au sens animal du terme est évidente ; j'ai peur de lui. Je ne le considère que comme une possibilité de me nourrir, puisqu'il fait des réserves. Comme le renard vient voler une poule, la belette un œuf, le rat grignoter les sacs de grains.

Chaque fois que je rencontre un animal, et que je peux partager de la nourriture avec lui, je le fais. De même si l'animal a attrapé un gibier, et qu'il m'en laisse un morceau. Je croque aussi bien les os que la chair morte. L'os est délicieux, il se grignote, se broie, se suce jusqu'à la petite moelle rouge. Les chiens me l'ont appris. Je me suis souvent contentée d'un os, comme eux.

Je ne sais rien de précis sur le loup, sauf qu'il ressemble à un chien, doit manger les mêmes choses, et devenir, s'il ne me craint pas trop, un compagnon de route. Grand-père a dû me dire du loup ce qu'il m'enseignait sur la vie en général. Le loup mange les poules ou les moutons, les moutons mangent l'herbe, les poules mangent les petits vers, et nous, nous sommes mangés par les petits vers qui sont très nombreux sur la terre. Les plus forts ou les plus nombreux mangent les plus faibles et les isolés, c'est normal, c'est la vie.

Pour moi le loup mange le mouton ou la poule. Moi aussi. Il est mon égal. Il ne me mangera pas, et moi non plus. Mais il a sa façon de vivre et j'ai la mienne, nous devons nous respecter d'abord et faire connaissance ensuite. À la ferme, lorsque j'ai tenté pour la première fois de prendre le « coucou de Malines » dans mes bras, grand-père a dit : « Vas-y doucement... Laisse-le approcher, montre-lui qu'il ne doit pas avoir peur de toi... Il ne te connaît pas, c'est normal... »

Ce loup semble me craindre, car, au fil des jours, il apparaît parfois de manière inattendue dans les fourrés, puis disparaît. J'entends aussi son hurlement, devant ou derrière moi. Peu à peu, l'animal se rapproche, m'accompagne en secret, rythmant le voyage par un chant dont je commence à connaître toutes les notes.

Un matin, alors que je suis accroupie devant une mare d'eau claire, il apparaît. Je bois, il fait de même, à quelques pas de moi, et s'en va.

Le même soir, j'installe ma maison sous un sapin. Une fois ma tanière creusée, ma musette sous la nuque, je m'allonge confortablement. L'arbre au-dessus de moi est presque immobile, le vent léger ne fait qu'effleurer les branches. Je ferme les yeux par moments, attendant le sommeil. La nuit est douce, ma solitude moins douloureuse. J'ai beaucoup avancé vers l'est. Le visage de ma mère, imprimé dans ma tête, ne me quitte pas. J'ai dans l'idée que mon père la protège, là où ils sont, et qu'il ne peut rien lui arriver de mauvais avant que j'arrive. Alors elle sera fière de moi.

J'ouvre les yeux un instant, et je le vois, allongé entre deux buissons. Les oreilles en avant, les pattes allongées, le nez pointé dans ma direction. Deux yeux jaunes d'or me fixent.

— T'es là, toi ? Je suis contente que tu sois là. On va dormir, hein ? Tu restes ?

Pas un mouvement en réponse. Il est couché, moi aussi, je vais fermer les yeux de fatigue, juste le temps de le voir approcher et s'enrouler non loin de moi, museau dans les pattes, comme un chien épuisé. Le lendemain matin, au réveil, il n'est plus là. Mais il me suit à distance, il voyage avec moi, et le signale de temps à autre par un hurlement modulé auquel je réponds de même, enchantée.

Quelques nuits plus tard, il vient s'étendre à portée de main de ma toile cirée. Il roule sur le dos, les pattes en l'air, mon loup est une femelle. Je roule sur le dos pour l'imiter, les pattes en l'air moi aussi. Elle se remet sur ses pattes et m'observe en coin, baisse la tête. J'avance un peu à quatre pattes, et baisse la tête moi aussi. Elle recule, je recule, avance, j'avance. Jusqu'au moment où, épaule contre épaule, d'un effleurement léger, elle me bouscule un peu. Je fais de même. Alors elle me renifle très fort dans le cou, d'un souffle puissant. Le museau humide et tiède inspecte ma peau entre la veste et la tignasse, remonte sur le crâne, et revient au cou.

Elle se met à chanter, juste au-dessus de moi. Son odeur est forte, elle sent le miel, ou le romarin, un parfum sucré que j'aime. Je tends les bras pour l'enlacer, mais elle montre les crocs. J'obéis immédiatement. C'est ainsi que nous faisons connaissance. Je l'imite dans toutes ses attitudes, et ainsi j'apprends à la comprendre. Nous ne nous quittons plus. Je l'ai suivie en haut d'une colline boisée, où elle a creusé sa tanière sous la saillie d'un rocher. Je la creuse et l'agrandis pour que nous puissions y coucher à deux. Nous dormons dos à dos, sa fourrure me réchauffe non seulement le corps mais le cœur. Lorsque je marche derrière elle, elle se retourne régulièrement pour vérifier ma présence. Mais elle peut disparaître pendant des heures, me laissant seule à la recherche de nourriture. Les baies sauvages ne l'intéressent pas. Et je dois certains jours décider de faire une incursion à la lisière d'un bois pour m'approvisionner dans les champs. Les petits choux sont encore verts, mais parfaits pour moi. Je manque de viande. Un désir de viande me saisit souvent, j'en salive. Mordre dans la chair, déguster, arracher, déchiqueter. Je n'ai que des choux et des framboises minuscules.

Lorsqu'elle se réveille au matin, ma louve s'étire, secoue l'échine pour débarrasser sa fourrure des brindilles. Elle bâille largement, montrant des dents pointues et blanches. Le matin est un moment privilégié, où elle me permet de lui gratter le crâne derrière les oreilles. Parfois, j'ai même droit à un coup de museau sur la joue. Puis nous allons boire au point d'eau le plus proche. Chemin faisant, elle renifle, vérifie, s'arrête pour marquer son territoire. Elle renifle tout, même l'eau, lape doucement, en jetant régulièrement des coups d'œil autour d'elle. Ce regard, ses yeux jaunes sont la plus belle chose que j'aie jamais vue.

Un soir, avant le coucher du soleil, je rentre d'une expédition lointaine, dans un champ, les pieds meurtris. Je n'ai toujours pas trouvé les chaussures idéales. Je cache mon butin de légumes sous des aiguilles de pin, et vais tremper mes pieds dans le ruisseau qui coule en contrebas de la colline. L'herbe y est douce, les cailloux arrondis, l'eau fraîche et bienfaisante. La plante de mes pieds est à présent une corne épaisse qui ne craint presque rien. Mais la peau du dessus est régulièrement blessée par le frottement. Le caoutchouc de mes bottes est rude, il entame toujours au même endroit. Les pieds dans l'eau, la fin d'une journée de marche. Ma louve apparaît de l'autre côté du ruisseau, un lièvre gris à demi dévoré entre ses babines. C'est la première fois qu'elle revient vers moi avec une proie dans la gueule. Je sais qu'elle part à la chasse lorsqu'elle disparaît des heures durant, mais d'habitude elle fait comme moi, j'imagine, elle dévore sur place.

Immobile, la tête haute, elle me regarde fièrement. Pour lui montrer que je suis contente, je roule sur le dos, les jambes en l'air, en me tortillant. J'ai appris cela avec les chiens, ceux de la ferme, Ita et Rita m'ont enseigné le langage du contentement.

Ma louve traverse le ruisseau à gué et vient déposer délicatement sa proie. C'est pour moi. Elle recule, s'assied sur son derrière et me regarde attentivement. C'est pour moi. Alors je ramasse le lièvre, arrache un morceau de chair avec les dents, et le mastique avec un plaisir fou. Non seulement je me nourris de viande, mais grâce à elle ! Elle vient de m'offrir le meilleur festin de ma vie. Tandis que je mange, elle s'allonge près de moi, pose la tête sur le bout de ses pattes, surveillant toujours mon repas. Je croque la tête des os, aspire la moelle, gratte les lambeaux de viande contre la peau, et je lui rends la proie, avec tout ce que je ne peux pas mâcher, pour qu'elle le finisse. Mais, au lieu de s'emparer de mes restes, elle se lève et vient me lécher le visage, pour le débarrasser des traces de viande et de sang, à coups de langue râpeuse et chaude. Je me laisse débarbouiller, en extase.

Ma louve, c'est ma mère. Je suis son petit. Les larmes aux yeux de toute cette tendresse silencieuse, je voudrais que ce moment ne finisse jamais.

7

La haine

Maman loup a disparu depuis de longs jours. Elle me manque terriblement, surtout la nuit. Sa présence a réveillé le vide immense du manque de ma mère, mon besoin d'être cajolée, aimée. Depuis que je suis partie sur les routes et à travers les forêts, animée du désir de retrouver ma mère, il ne se passe pas un jour, ou une nuit, sans que je la revoie en imagination. L'odeur de son cou, son oreille, ses cheveux. Parfois, dans cette solitude bizarre où je me trouve, sans aide et sans explication sur ce qui se passe ailleurs, j'ai le vertige.

Je parle aux plantes, aux roseaux, aux arbres, aux fleurs, aux nuages. Je leur dis qu'ils sont beaux, et que je les aime. J'essaie de retrouver mes jeux d'avant, sous le lit de mes parents, quand j'étais la reine des animaux dans un monde où rien ne fait peur. Mais la peur est toujours là. La haine et la rage aussi, contre tout ce qui est humain et qui m'a pris ma mère et mon père.

J'ignore mon âge et depuis combien de temps je suis seule, à marcher. J'ai déjà souffert cruellement de la faim et du froid, tout mon corps abîmé, crevassé, en témoigne, et en même temps je me suis endurcie, adaptée à cette existence d'animal solitaire. Je suis très peu malade, les coliques des premiers temps se sont dissipées. Je peux manger n'importe quoi, même une charogne. Je peux marcher des heures sans fatigue. Comme si mes jambes étaient devenues des instruments indépendants de mon cerveau. Avancer pour trouver à manger, à boire, avancer pour me dissimuler aux regards des adultes. Avancer pour retrouver mon père et ma mère.

Mais le but me paraît si lointain. Où chercher ? Les villages polonais que j'approche de temps en temps ne peuvent rien m'apprendre sur la présence éventuelle de mes parents. C'est impossible, puisque je ne peux pas poser de questions. Impossible, puisque je me contente de piller un poulailler, ou une cuisine, et de filer dans les bois. Chaque fois qu'un villageois m'a vue approcher d'un peu trop près il m'a chassée avec une fourche. Et je n'étais pas la seule. J'ai vu d'autres enfants, aussi sales et déguenillés que moi, que ces gens pourchassaient.

En partant je croyais… je ne sais plus. Peut-être qu'il y avait un endroit quelque part à l'Est, ou quelqu'un me dirait : « Tu t'appelles Mischke ? Viens, tes parents sont là, ils t'attendent. » Je n'y suis pas encore arrivée, dans cet endroit magique que l'aiguille de la petite boussole me montre à l'infini, devant moi.

Ce jour-là j'ai volé des œufs, tachetés de brun. Je les mets en sûreté dans ma tanière, et maman loup réapparaît, mais elle n'est pas seule. Un grand mâle à la fourrure sombre l'accompagne. Dès qu'il me voit, il avance, poil hérissé, cou tendu, et queue à l'horizontale, comme s'il allait bondir. Persuadée qu'il va m'attaquer, je me jette à terre en tremblant de frousse. Il observe mon mouvement, mais continue d'avancer vers moi. Il est magnifique et terrifiant.

Je suis à plat dos, ventre et visage offerts, et je ne dois pas bouger. Lorsque la louve voulait me faire comprendre de rester tranquille, elle me bousculait, je tombais sur le dos, et si je faisais mine de me relever elle montrait les crocs. J'ai compris la leçon depuis longtemps, mais ce mâle n'a pas l'air aussi doux. Gueule ouverte, langue pendante, ses yeux jaunes sertis dans le pelage noir me fixent avec une telle intensité que je transpire de tout mon corps. La louve intervient rapidement en se plaçant entre son compagnon et moi, mais il lui tient tête et ne recule pas. Je voudrais pouvoir rentrer dans le sol, y disparaître. Le temps passe, il me paraît long, et ils continuent à s'observer en silence, tandis que je retiens ma respiration. Finalement le mâle recule, détourne la tête d'un air méprisant, et va d'une démarche raide, imposante, lever la patte contre un buisson. Puis un autre. Il pisse majestueusement quelques gouttes. Je commence à respirer un peu mieux. La louve le rejoint, ils s'embrassent du museau, font quelques petits tours, après quoi elle revient vers moi pour me lécher à grands coups de nez.

L'autre va devoir m'accepter. Je m'assieds d'abord prudemment, sans faire de gestes brusques, je me mets à quatre pattes, roule encore une fois sur le dos, les pattes en l'air. Tout va bien. Il ne m'approche pas, mais de toute évidence il a compris que j'étais la protégée de sa louve.

À la ferme de grand-père Ita et Rita se sont chargés de m'éclairer sur l'amour qu'ils se portaient, et la manière dont il se manifeste. Maman Rita et papa Ita se tournaient autour, dansaient ensemble, se reniflaient longuement, se léchaient les oreilles, avant que papa Ita grimpe sur le dos de sa femme. Si maman Rita refusait le jeu, Ita était repoussé d'un bon coup de reins ou d'une dent pointue. Plusieurs fois j'ai vu que maman Rita était d'accord, en laissant son mari faire ce qu'il voulait. Grand-père disait : « C'est comme ça qu'on fait des petits ! »

Mes deux loups agissent de la même façon. Je les baptise aussitôt Ita et Rita. Et maman Rita devient presque ma mère. Elle m'a protégée, même de son compagnon. Elle est douce comme ma mère, fine, légère. Je ne veux plus la quitter. Malgré la présence du mâle, elle continue à s'occuper de moi. Chaque fois qu'elle rentre d'une escapade de plusieurs heures, ou d'une journée, elle vient me saluer. En trottinant vers moi, la tête penchée de côté, elle frotte son museau contre mon visage. Lorsqu'elle est absente, j'entends parfois son chant lointain, et celui d'Ita qui l'accompagne. Et lorsqu'elle revient, je suis heureuse à en avoir les larmes aux yeux. Pleurer de joie, c'est la première fois que ce sentiment m'envahit. Il est si violent, si fort. Je voudrais que maman Rita ne s'arrête jamais de me dire bonjour, et de me débarbouiller.

Mais l'arrivée du mâle amène un changement entre nous. Jusque-là nous partagions la nourriture sans difficulté. Elle rapportait un gibier, attendait que je mange la première, et finissait mes restes. Le jour ou Ita ramène à son tour un gibier, probablement un blaireau, il refuse que je m'approche du festin. Je tends la main, et il claque des mâchoires, ses dents ne passant pas loin de mes doigts. Il mange d'abord, maman Rita ensuite, et je me contente des restes.

Lorsque c'est moi qui rapporte de la viande, je me débrouille pour faire le partage avant d'arriver, offre leur part à Ita et Rita, et mange la mienne dans mon coin. Évidemment, si je n'ai que des légumes ils ne s'intéressent pas à mon butin. Un soir, j'ai eu la chance de rapporter des jarrets de cochon. Un chacun. Gavés, nous sommes allés boire au bord d'un petit étang, au milieu des iris. Ils lapaient, je faisais comme eux par pur plaisir.

Ils m'entouraient, j'étais protégée des deux côtés par le grand corps noir d'Ita et la fourrure grise de Rita. J'étais un petit loup, il ne pouvait rien m'arriver de mal. J'ai barboté avec eux, faisant fuir les poissons qu'ils tentaient d'attraper vainement à coups de gueule impuissants. Ita plongeait sa tête dans l'eau et la ressortait en éternuant violemment, faisant jaillir des gerbes de gouttelettes d'eau. Rita l'imitait. Après quoi tous les deux se sont roulés sur la rive, les pattes en l'air, en riant de tous leurs crocs luisants, et m'éclaboussant copieusement.

Je n'ai jamais été aussi heureuse que ce jour-là. Nous sommes retournés sur la colline, je me suis pelotonnée contre le flanc de maman Rita, Ita était assis devant nous, j'étais avec mes parents. Soudain ils se sont dressés tous les deux, et se sont mis à chanter, le museau pointé vers le ciel. J'ai senti ma peau frissonner, mes cheveux se hérisser. Et je me suis mise à chanter moi aussi, j'ai modulé mon propre hurlement. Nos trois voix se mêlaient, se distinguaient, se répondaient. Après quoi Ita et Rita se sont couchés dans la tanière, roulés en boule l'un à côté de l'autre. Allongée sur ma toile cirée, à un pas de distance, j'ai sombré dans un sommeil sans rêve, sans cauchemar, sans angoisse. Pour la première fois depuis ma fugue, je n'étais pas aux aguets, prête à bondir, à fuir ou à me défendre. J'ai dormi de mes deux yeux, et de tout mon cœur.

Je n'ai jamais eu faim avec eux, ni peur. Ils chassaient ensemble, rapportaient suffisamment de gibier pour nous trois. Plusieurs fois j'ai tenté de les accompagner, ils restaient alors sur mes talons quelque temps, puis ils se mettaient à trotter pour de bon, et je ne pouvais plus les suivre. Alors maman Rita revenait en arrière, m'attrapait par le haut de ma veste, et me traînait un moment dans les broussailles. Finalement elle abandonnait, me léchait la figure, et rejoignait son mâle. Je savais qu'ils partaient loin à la chasse, à l'allure de leurs corps. L'échine parallèle au sol, les grandes pattes augmentant la vitesse, ils semblaient glisser sur une piste, sans effort. J'étais semée immédiatement.

Un jour, maman Rita est revenue seule de la chasse. Ita n'a pas reparu. J'avais entendu des coups de fusil au loin. Ce n'était pas la première fois. Rita était triste et tournait en rond sur la colline, j'essayais de la consoler, mais nous savions toutes les deux qu'Ita était mort. Elle avait sûrement vu la mort de son compagnon. Moi, je l'avais compris aux coups de fusil. La haine que je ressentais pour les chasseurs était alors très grande. Je les maudissais. Un jour cette haine allait se transformer en folie.

Rita ne me quitte plus depuis qu'Ita a disparu. Elle est agitée, nerveuse, son chagrin est inconsolable. On dirait qu'elle a peur de me perdre, moi aussi. Quelques jours après la disparition d'Ita, alors que je dors profondément, je suis soudain réveillée brutalement. Elle m'a saisie rudement par le dos de ma veste et me traîne à travers les ronces et les buissons, sur plusieurs mètres. Elle tire si fort qu'elle manque de me casser un bras. Lorsqu'elle me lâche enfin, je suis couverte d'égratignures au visage, aux jambes et aux mains. Quelque chose l'a inquiétée. Un animal plus puissant qu'elle, un homme peut-être. Les coups de feu lointains que nous entendons parfois disent que les chasseurs ont investi notre territoire.

Un jour, je me promène seule à proximité d'un grand champ où j'ai vu des corbeaux se disputer une charogne. Soudain un coup de feu, proche celui-là, les fait s'envoler précipitamment. Je m'aplatis dans le fossé, j'écoute attentivement. Le silence s'installe à nouveau, et les corbeaux retournent à leur proie. Elle est bien trop maigre pour m'intéresser, et je poursuis prudemment mon chemin le long des champs, entre bois et cultures, à picorer des baies, faute de viande. Un animal mort fait souvent l'essentiel de mon repas. Soit rapporté par Rita, soit que je le trouve moi-même. Avant de manger, je remercie l'animal à voix haute :

— Pauvre petit, tu es mort, mais je te remercie, tu m'aides à vivre.

C'est ma prière à moi. Un souvenir des prières de maman remerciant Dieu du repas qu'Il nous accordait. Je l'ai adaptée à mon existence. Manger ou être mangé. Mourir pour être mangé, la vie sauvage m'a instruite rapidement de cette évidence.

J'ai un mauvais pressentiment depuis ce coup de feu. Il était trop près. Maman Rita est partie chasser depuis plusieurs heures. Tout à coup je vois l'homme. Un paysan portant un fusil traverse le champ, traînant quelque chose derrière lui, au bout d'une corde. Il marche tranquillement dans les hautes herbes qui m'arrivent au ras du nez. Je me faufile pour le suivre et voir ce qu'il a tué. Un loup. Rita ! Ce salaud a tué maman Rita ! Je le sentais instinctivement depuis le coup de feu. Une colère épouvantable me fait trembler. L'idée du corps éventré, dépecé de « ma mère », la vue de sa peau cahotant dans les herbes, secouée au rythme de la marche de ce tueur, sont insupportables. D'abord j'ai envie de hurler, mais je me retiens. Glacée, pétrifiée, je me dis :

« Je le tue. Je le suis, et je le tue. »

Ma décision est prise, je sens la haine grandir, m'étouffer. Je vois déjà ce que je vais faire. Il posera son fusil et alors je le tuerai. Je le piste dans les hautes herbes, il ne devine même pas ma présence. C'est un lâche, il a besoin d'un fusil pour tuer. Aucun animal n'a de fusil pour tuer. Il a ses griffes, ses crocs, son intelligence. Il risque sa peau pour subsister. Pas l'homme.

Le salaud arrive près d'une cabane en bois, entourée d'objets divers, de rondins. Il y a un puits à proximité. Il dépose son fusil et va suspendre la peau magnifique de ma louve à un crochet au mur de sa cabane.

Je ne pleure pas. Je tremble de rage. Je veux récupérer ma mère, pour cela je dois me débarrasser de cet homme. J'attends, cherchant comment surprendre le salaud. Je n'entends aucun bruit. Alors je fais le tour de la cabane, attentive aux objets entassés, un tas de saletés, des planches pourries, des roues de charrettes, des morceaux de bois, des piquets. Je découvre dans les herbes et les orties une barre de fer assez lourde. Je rampe, j'observe attentivement. Le salaud est assis sur une chaise devant la porte, le dossier basculé en arrière, les jambes pendantes. Il fume sa pipe, environné de fumée. Il ne m'a même pas sentie arriver.

Je réfléchis froidement avant d'attaquer, décompose mes mouvements. Bondir, frapper de toutes mes forces sur les jambes offertes, décrocher le fusil, le jeter dans le puits pour qu'il ne puisse plus s'en servir, et récupérer ma louve, qui pend à ce crochet. Ce bonhomme immonde, ce salaud ne sera pas fier de lui plus longtemps.

Dans mon souvenir, cette scène est ineffaçable, affreusement précise, découpée comme au ralenti. Une force extraordinaire me soulève, je bondis, je lève à deux mains la lourde barre de fer, et frappe sur les jambes, pour les casser. Il tombe en avant, hurle sans pouvoir se relever. Il ne m'intéresse plus. J'aurais pu lui fracasser le crâne, mais c'est ma louve que je veux. Je jette la barre de fer et prends le fusil. L'homme rampe par terre derrière moi, s'il s'était relevé j'aurais frappé encore, mais il en est incapable. Je vais jeter le fusil dans le seau du puits, et lâche la corde. Le tout dégringole au fond avec un bruit de ferraille. Je pense même clairement : « S'il rampe jusqu'ici, il n'aura même pas de quoi boire. »

Je décroche ma louve, coupe avec mon couteau la corde nouée autour de ses pattes arrière. Je la hisse autant que possible sur mes épaules, et je pars. Le visage couvert de larmes, dégoulinante de sueur, soulevée d'une haine si féroce qu'elle me donne une force nouvelle. Je retourne ainsi jusqu'à l'orée du bois, jusqu'à notre territoire, notre terrier, là où nous vivions, elle et moi. Je la dépose doucement sur le sol, et je commence à gratter la terre de mes mains et de mon couteau, pour lui faire un lit. Je gratte sans relâche, le visage barbouillé de larmes et de terre. Maintenant je dépose ma louve dans ce creux de terre, je veux la recouvrir mais je n'en ai pas encore le courage. Je veux la regarder, pleurer encore et encore. Finalement je la recouvre de terre, de branchages, de feuilles, de tout ce que je trouve autour de moi. Je dispose de la mousse, j'arrange la tombe qui fait un petit monticule, parce que je n'ai pas pu gratter assez profond. Et je reste là, assise par terre devant elle, les jambes croisées, à me balancer de chagrin et à lui parler.

— Je t'ai vengée, tu sais. Qu'est-ce que je vais faire sans toi ?

Par moments je me relève et je ris en revoyant le salaud ramper par terre, criant de douleur.

— Il va crever, il va crever, crever...

Je revois distinctement son visage basané, vieux, un gros nez, sa tignasse en grosses mèches, ces pantalons de paysan. Je l'ai bien regardé dans les yeux, quand il a rampé ; je n'avais aucune pitié, que de la haine. Je tourne en rond dans le bois sans savoir où aller ni quoi faire, sans trouver mes idées. Je hurle, les sanglots gonflent ma poitrine, montant, montant à m'étouffer. Mon hurlement ne ressemble pas à la chanson des loups ! C'est un cri de mort et de haine. Je n'ai plus rien d'un animal, alors. Je suis l'humain, dans toute sa férocité.

Abrutie de chagrin, je m'allonge finalement au-dessus d'elle, ma louve. Pour dormir encore une fois contre elle. J'ai compris ce qui vient de m'arriver. On m'a pris ma mère une seconde fois. C'était ma mère louve, je me sentais protégée, en sécurité. Je savais, quand elle me traînait par le col, rudement, dans les broussailles, qu'elle me considérait comme son petit. Elle regardait en arrière, puis venait m'agripper, me tirait, me déposait, attendait patiemment, et recommençait, l'air de dire : « Allez ! Allez, petite ! Avance ! Tu traînes ! » Je savais qu'au bout du chemin je finirais couverte d'égratignures, d'épines et de ronces enfoncées dans la peau, mais que je serai sauve. Et je dormais en paix, alors que, seule, j'en étais incapable. Toujours un œil ouvert sur les environs. Elle m'avait donné confiance. Sous sa protection ma peur était partie.

Sans ma mère louve, je vais traîner des jours et des nuits dans cette forêt, incapable de manger, d'organiser ma survie, de m'approcher des champs ou des maisons. Le temps m'échappe davantage encore à partir de ce choc. Il n'a d'ailleurs jamais d'importance dans mon souvenir. Pas plus que mon âge. Jours, mois, années, ma mémoire rassemble les morceaux noirs d'un puzzle où ne surgissent en clair que les images fortes. Une eau limpide, de la viande, la chaleur, la protection sont des images un peu floues, mais heureuses. La mort de ma mère louve, et d'autres souffrances qui vont suivre sont encore presque palpables. Je les revis intensément, en détails cruels, inoubliables.

J'ai vécu en exil après la mort de ma louve, dans un monde intérieur de souffrance. Je ne savais plus où aller. Depuis que je vivais avec mes loups, je n'avais pas avancé dans ma marche. Nous occupions un territoire, où ils chassaient pour moi, où je dormais à l'abri. Sans eux, je n'avais qu'à partir, quitter ce territoire, le plus beau où j'aie jamais vécu.

La boussole a repris du service, l'aiguille m'a menée jusqu'à une voie ferrée, dans l'axe du soleil levant, et j'ai repris mon voyage le long des rails, mécaniquement, maigre, desséchée, endurcie davantage encore par ce deuil. Espoir ou pas de retrouver un jour mes parents, je ne tranchais pas. Ma vie était faite ainsi, je marchais. Ma vie était d'être solitaire et muette, je marchais. Ma vie était faite de faim et de haine, je marchais. J'étais une enfant juive sans parents, je marchais.

Aussi loin que je puisse remonter dans ma petite enfance, c'était ainsi. Se cacher parce qu'on est juif. Ne pas faire de bruit, ne pas se montrer, ne rien dire à personne. Sans amies, sans jouets, d'abord enfermée entre des murs sinistres. Puis enfermée entre des murs hostiles.

Alors je marchais encore le long de ces rails luisants, au

moins j'étais libre de mon corps, de mes appétits, de mes rages et de mes haines. Et ce que j'allais surmonter tout au long de mon voyage, c'est la haine qui allait me le permettre. L'amour est mort.

La peur, le froid sont vivants. Peur de dormir plus d'une nuit dans une grange, dans la paille d'une mangeoire ou dans la chaleur d'une porcherie, filer à l'aube sans laisser de trace. Si peur des humains qu'au moindre redoux chercher le creux d'un arbre, le ventre d'un cheval mort, un trou de rocher, une pile de bois enneigée. Apprendre à marcher dos au vent glacé et la nuit, pour ne pas geler sur place. Paralysée de solitude, de peur et de froid, trouver la tanière d'un animal sauvage pour refuge. Bâtir une cabane de neige et s'y enfouir. La couche de crasse sur la peau devient cuirasse. Les pieds tordus, décharnés, orteils gelés à vie, ni bête ni enfant, folle parfois, ce que j'ai enduré, nul ne le comprendra s'il ne l'a pas vécu.

Survivre c'est ne pas penser qu'on survit.

8

Le pays de la mort

Le parfum du muguet sucré et délicat me rappelle toujours ma mère, je ne sais pas pourquoi. Est-ce que j'ai cueilli du muguet avec elle ? Est-ce qu'elle portait ce parfum ? Est-ce que je confonds avec sa robe que j'aimais tant, couleur ivoire et ornée de minuscules pois rouges ?

J'ai découvert un petit champ de muguet, une nappe odorante dans le sous-bois qui longe la voie ferrée. Je m'allonge au milieu, le nez au ras des clochettes. Des colonnes de fourmis circulent autour de moi. Je les observe avec attention. Elles sortent d'un monticule de terre fragile, que je pourrais détruire d'un simple coup de pied. Ma haine n'est jamais dirigée contre un animal, quel qu'il soit. Je les aime tous, serpent ou hérisson, abeille ou corbeau, grenouille ou ver de terre. Si je les mange, c'est pour me nourrir, pas pour tuer. Je suis un animal comme eux. Il m'arrive de retrousser les lèvres et de montrer les dents. Je suis peut-être devenue loup.

J'ai rencontré tout à l'heure un grand chien, qui m'accompagne depuis l'aube. Devinant une présence humaine non loin de la voie ferrée, je me suis écartée dans un sentier, et il me précède en reniflant une piste. Soudain, il s'enfonce dans le sous-bois et s'arrête pile devant un buisson épais. Il agite la queue, le nez dans les feuilles. Il gémit, aboie, revient vers moi et repart renifler le buisson.

— Viens ! Allez, viens ! Qu'est-ce que tu fais ?

Mais il n'écoute pas, au contraire, il ne veut pas abandonner ce buisson. Je m'approche pour voir ce qu'il a découvert. Peut-être un animal pris au piège. Je dois écarter les branches et les feuilles pour distinguer en partie le corps d'un homme, torse nu, le visage contre le sol, et à plat ventre. Je me dis : c'est un mort. Ma première idée est de regarder s'il a quelque chose qui pourrait me servir. Ses chaussures, par exemple. J'ai déjà rencontré des cadavres sur ma route. Ils ne m'impressionnent pas. Je me contente de prendre ce dont ils n'ont plus besoin, les chaussures. Jamais je n'ai pris de vêtements, les déshabiller me dégoûte. L'argent ou les objets m'intéressent peu, je ne saurais qu'en faire. Mais il m'arrive tout de même de récolter des pièces, des bagues. Ce sont mes trésors. Ils sont dorés, c'est tout ce que je vois. Je les sors de la petite bourse en tissu que j'ai trouvée par terre un jour. Elle n'avait plus de cordon, j'en ai fait un moi-même avec un bout de ficelle, et j'y garde mes biens. Je les étale le soir autour de moi, je les compte, comme si je possédais vraiment quelque chose. Mais la plupart du temps je les perds, ou les oublie sur place, c'est sans importance. Sauf la montre qui reste au fond de mon sac. C'est mon trésor le plus important, bien qu'elle ne me serve à rien pour l'instant. Je la considère comme une monnaie d'échange possible. Je trimballe aussi au fond de mes poches des boules de poils, des plumes, des morceaux de fourrure. Tout ce que je peux ramasser qui vienne d'un animal. Ces trésors-là me sont bien plus précieux que les autres, et si j'en perds un, je retourne le chercher.

Ce mort n'a que des lambeaux de vêtements, et pas de chaussures. Je me penche davantage, intriguée par le dos nu couvert de sang. Un signe a été creusé dans la peau, comme on le ferait avec un couteau sur un tronc d'arbre. C'est étrange. La chair est boursouflée sur les bords de la plaie, la gravure est très profonde et, malgré le sang, elle est parfaitement reconnaissable : l'étoile de David. La même qui ornait le chandelier de ma mère.

Au moment où j'approche une main pour voir s'il a quelque chose dans la poche, je perçois un léger mouvement de vie, puis un râle. Je retire ma main aussitôt. Le chien se met à lécher le dos de l'homme, soigneusement. Je le laisse faire un moment :

— C'est bien, mon chien... c'est bien, fais comme ça... il a mal.

Cette étoile de David sur la peau, c'est bizarre tout de même. Pourquoi ? Qui peut bien faire ça ?

Pour voir le visage de l'homme, je le déplace doucement, pousse sur l'épaule, et parviens à le mettre sur le dos. Il est jeune, très pâle, avec des cheveux très noirs. Sur sa poitrine je vois gravé autre chose, tout aussi reconnaissable pour moi ; c'est une croix gammée, je l'ai vue partout en Allemagne.

Ne sachant pas quoi faire pour cet homme jeune, je mets mon sac sous sa tête. Il ouvre les yeux et me regarde d'abord sans rien dire. Puis il essaie de parler, mais je ne comprends rien à sa langue, ce doit être du polonais. Comme d'habitude je secoue la tête négativement. Il parle dans une autre langue, peut-être du russe, mais je ne comprends toujours rien. Finalement il dit :

— Français, toi ?

Je fais signe que oui en silence. Je devrais lui répondre quelque chose, puisque je n'ai pas peur de lui, mais je ne trouve pas de mots devant ce visage de souffrance, ses yeux creux, cernés, cette étoile de sang sur sa chair. Simplement je le regarde les yeux écarquillés, et j'attends.

Rapporter exactement ces paroles est un exercice de mémoire que j'ai souvent tenté de faire sans y parvenir complètement. J'ai compris qu'il disait : « moi mourir ». Puis qu'il me demandait de ne pas oublier ses paroles, peut-être pour que je les rapporte à quelqu'un. Il avait du mal à s'exprimer, par bribes de phrases incomplètes, et la voix était faible. J'ai dû mettre mon oreille tout près de sa bouche.

— Nazis... nazis tuer... Je suis Marek... polonais, n'oublie pas...

Ils étaient plusieurs, les Allemands étaient venus les chercher, on les avait emmenés dans un camion. Les Allemands célébraient une fête ou quelque chose d'approchant. J'ai peut-être mal compris ce mot, fête. Mais peut-être pas. Il a dit aussi qu'il était interprète de plusieurs langues. On les a torturés, on leur a dit « cochons juifs », on a gravé ces marques dans leur chair. On les a mis dans le camion à la nuit, emmenés dans la forêt, et on leur a dit qu'ils étaient libres, qu'ils pouvaient courir et partir. Ceux qui l'ont fait ont été mitraillés. Lui aussi a été blessé, il est tombé et il n'a plus bougé. Alors les Allemands sont partis. Après il a rampé pour se cacher.

Son récit, entrecoupé de pauses, a duré longtemps. Par moments, il fermait les yeux et n'ouvrait plus la bouche. Lorsqu'il les rouvrait, c'était pour me regarder comme s'il disait : «Quelle chance, tu es encore là. Reste.»

Je suis restée. Il a répété plusieurs fois son nom, Marek, et «n'oublie pas». Chaque fois qu'il refermait les yeux, je gardais sa main dans les miennes, j'attendais qu'il meure. Le chien s'était couché contre lui et léchait ses plaies. Il respirait par saccades et j'avais l'impression que la peau de ses blessures s'ouvrait. Des lambeaux de chemise collaient encore à sa taille et aux bras. Je crois qu'il avait une balle en haut de l'épaule gauche, qui était comme éclatée. Il m'a appelée «matiushka[1]», je ne savais pas ce que cela voulait dire.

J'attends jusqu'à ce qu'il n'ouvre plus les yeux, que sa poitrine ne bouge plus. Le chien a si bien léché la peau que la croix de sang noir est devenue nette, couleur de chair propre.

Le jeune homme est mort. Je comprends mal pourquoi on a creusé la peau d'un homme pour le marquer d'une croix gammée et d'une étoile de David. La torture m'est inconnue. La mort d'un homme ne rime à rien pour moi. Qui tue, qui meurt, pourquoi, je n'en sais rien. Même la raison qui fait qu'un méchant nazi torture un juif et le tue m'échappe. C'est ainsi, depuis que je suis née j'ai l'impression de l'avoir sans cesse entendu. Mais si j'imagine que l'on fasse la même chose à mon loup ou à mon chien, alors je comprends la cruauté imbécile, l'immonde bêtise. J'ai besoin de ramener la souffrance à celle d'un animal pour la comprendre.

Je ne pouvais rien pour ce jeune homme, ni le bouger ni lui donner à manger ou à boire. Je voyais bien qu'il mourait, et j'aurais voulu qu'il meure plus vite, c'était mieux pour lui. Je le recouvre de feuilles, comme ma louve. Un être mort que l'on

---

1. Petite mère.

ne dévore pas, on l'enterre, on le cache. Je l'ai fait pour des petits oiseaux morts dans la forêt, je ne mange pas d'oiseaux.

Il vaut mieux cacher la mort. Je ne la supporte plus depuis ma louve. Elle commence à me faire peur. Comme si avant cela j'étais innocente, inconsciente. J'ai rencontré des soldats morts, des animaux morts, l'accumulation de tous ces morts me dérange. Elle est donc tout le temps présente ?

Cet homme était si jeune. Une victime. C'est injuste. Il n'a rien fait de mal, et il est venu mourir là. Les Allemands sont donc en Pologne. Et la mort est partout.

Le chien s'en va, les oreilles rabattues en arrière. Lui non plus n'aime pas la mort, et il me quitte sans se retourner. Je pleure. Reprends mon chemin.

Les Allemands sont partout, et je suis fatiguée de me cacher dans les bois. Les bourgades que je traverse montrent des signes évidents de leur présence : drapeaux, soldats sur les routes, files de camions. Chaque fois que je croise des véhicules militaires, je fuis dans la direction opposée.

À présent, je n'ose plus voler dans les maisons, j'évite même les hameaux. Il n'y a guère à voler, d'ailleurs. Les gens sont pauvres, les visages épuisés.

Un jour, sur mon chemin, au milieu d'une clairière, un tas de cendres entouré de grosses pierres signale le passage d'humains. Je ne fais jamais de feu, cela éloigne les animaux, et j'ai plus besoin de leur compagnie que de flammes. De plus, elles me feraient repérer. Les cendres sont froides, le bois est calme. Rassurée, je continue mon chemin, et à la fin du jour j'ai complètement oublié les restes de ce feu dans la clairière.

Un homme jaillit soudain devant moi, en travers du chemin. Barbu, il brandit une fourche comme s'il allait me transpercer sur place. Je fuis dans la direction opposée, mais deux autres hommes me bloquent le passage. Ma main dans la poche de ma veste, crispée sur le couteau, j'évalue les possibilités de leur filer entre les jambes, mais le sentier est trop étroit. Ils me questionnent rudement, en polonais, et comme d'habitude je hoche la tête négativement. Je ne comprends pas, je ne parle pas, c'est ma défense de base. L'homme à la fourche m'attrape par le poignet et m'entraîne de force, suivi par les deux autres. Je traîne les pieds, il tire davantage. J'en ai mal jusqu'à l'épaule. Après avoir quitté le sentier, ils m'emmènent à travers des bois de plus en plus touffus, jusqu'à une clairière. Il y a là une cabane recouverte de branches de sapin, et un groupe d'hommes vêtus misérablement. Des chiffons leur servent de chaussures, les vestes sont déchirées. Deux ou trois hommes en uniforme, des femmes et des enfants complètent le groupe. La présence d'enfants me rassure un peu, et aussi le fait qu'ils parlent tous polonais. Mais ils ont des fusils. Et je me demande bien pourquoi ils m'ont capturée.

On m'emmène devant un autre groupe d'hommes, et l'un d'eux, apparemment le chef, écoute le récit des autres. Il m'observe, se penche pour me regarder dans les yeux, pose une question que je ne comprends pas, évidemment. Il me fait peur, alors je souris bêtement, en gamine innocente, enfant perdue et inoffensive. Il hausse les épaules et grogne un ordre. On me fait asseoir par terre.

L'homme à la fourche s'en va, plus personne ne s'intéresse à mon sort.

Au bout de quelque temps, comme personne n'est venu m'ennuyer, je calcule mes chances de leur échapper et de filer en douce. Ils ont tous quelque chose à faire, la plupart nettoient leurs fusils ou comptent les cartouches de leur ceinture. Les autres discutent sérieusement. Le groupe des femmes s'occupe un peu plus loin de deux ou trois enfants. Je me lève doucement, et entreprends de traverser tranquillement la clairière en direction du bois. Un ordre dans mon dos, je me retourne, l'homme à la fourche semble prêt à bondir sur moi, je reprends ma place, terrorisée. Le jour tombe, les femmes rapportent du bois et allument un feu, puis elles installent au-dessus une énorme marmite en fer. Une odeur de chou ne tarde pas à envahir la clairière. Je suis fascinée. Je n'ai rien mangé de chaud depuis si longtemps. Les hommes se servent tour à tour, puis une femme me fait signe d'approcher et me tend une écuelle de fer. Elle contient une soupe de légumes en morceaux. J'ai tellement pris l'habitude de manger cru que je ne trouve aucun goût à ce mélange. Seule la chaleur fait du bien en descendant dans l'estomac. Je commence à avoir moins peur de ces gens. Puisqu'ils m'ont donné à manger, ils ne veulent pas me tuer. Autour du feu ils discutent inlassablement, en faisant circuler une bouteille de liquide blanc que chacun goûte à tour de rôle, même les enfants. Lorsque mon tour arrive, je manque de m'étouffer. Le liquide brûle ma gorge, descend dans ma poitrine comme une braise, j'en pleure. Et les autres rient, en disant : « Bimber ! » « Bimber[1] ! »

Les enfants s'endorment contre leur mère, les hommes discutent toujours. J'installe ma toile cirée sous un arbre, et j'attends, mal à l'aise. Personne ne bouge, aucune occasion de fuir. Je ne dors pas, la nuit s'écoule, les hommes finissent par entrer dans la cabane, je me dis qu'ils vont forcément dormir et m'offrir l'occasion que j'attends. Mais certains ressortent pour monter la garde par groupes de deux ou trois, le fusil sur les genoux. Impossible de leur échapper.

Le matin suivant, fatiguée d'avoir guetté toute la nuit un moment pour m'échapper, je n'ai aucune envie de me lever. Recroquevillée sur ma toile cirée, la tête dans les bras, j'espère qu'ils vont m'abandonner sur place. Mais le chef rassemble tout le monde, un homme me bouscule, je dois me lever et les suivre. Tous ces fusils, cet homme avec sa fourche pointue, et moi au milieu. Je suis prisonnière, je déteste marcher en file indienne, faire comme les autres. Je n'ai pas de fusil, à quoi je leur sers ? Sont-ils soldats ou voleurs ? Ils appellent le chef Janusz, c'est lui qui conduit la marche et nous mène à l'orée du bois, sur une route large et boueuse. Elle est bordée de taillis épais de chaque côté. Janusz nous ordonne de nous y dissimuler. Je fais comme tout le monde. Ils doivent guetter quelque chose. L'attente dure longtemps. Je me demande ce que je fais là, avec ces inconnus, ne sachant même pas s'ils font la guerre et contre qui.

L'explication arrive très vite. D'abord un grondement de moteur, les hommes s'aplatissent davantage encore dans les

---

1. Vodka artisanale de très mauvaise qualité.

taillis. Puis Janusz se redresse en hurlant, il jette quelque chose sur la route, il y a une violente explosion, et je m'aplatis de terreur dans le fossé. De la fumée partout, des hurlements. Les hommes de Janusz sortent des taillis comme des diables. Depuis ma cachette je vois une voiture militaire verte immobilisée au bord de la route, un chauffeur et un officier allemand face à Janusz. Tout va très vite. Le chauffeur descend de voiture, on le fait agenouiller de force, les mains au-dessus de la tête. Janusz pointe son fusil et lui tire dans la tempe. Ils font descendre l'officier, le frappent à coups de poings, le plaquent contre la voiture, et les fusils tirent à bout portant. L'homme glisse lentement par terre. À ce moment l'homme à la fourche surgit comme un fou et transperce le cou de l'officier déjà mort.

Je n'ai jamais vu de combat entre hommes. Je n'ai vu que des morts. Le spectacle de ces hommes déchaînés contre les Allemands, les pointes de la fourche plantées dans le cou de l'officier, alors qu'hier cette même fourche menaçait ma propre tête... tout cela me paralyse et me fascine en même temps. Même les enfants participent à l'action. Un gamin de treize ou quatorze ans, plus âgé que moi en tout cas, fait une chose curieuse : il retourne l'officier tombé à plat ventre, sort une plume de sa poche et la lui passe sous le nez. Après quoi Janusz tire encore une balle dans la tête de cet officier, puis il lui prend ses armes et les donne à l'homme à la fourche, qui semble très content. Celui-là n'avait pas de fusil, maintenant il a un pistolet allemand et des balles.

Les hommes déshabillent entièrement les corps pour récupérer les uniformes, bottes comprises, qu'ils enfouissent dans leurs sacs à dos. Ensuite ils traînent les cadavres jusqu'au bois. Les enfants nettoient la route avec des branches, jettent de la terre sur le sang, balaient les traces d'explosif. Tout est propre en quelques minutes. Il ne reste que la voiture militaire au bord de la route déserte. Ils la poussent dans un fourré, la recouvrent de branches. Tout est fini. Nous repartons en direction du refuge de la clairière.

Cette nuit-là, un cauchemar épouvantable me réveille en sursaut. Un homme me poursuit avec un couteau, je cours de toutes mes forces, mais il me rattrape, je sens la pointe du couteau dans mon dos, je hurle en me débattant, et me réveille en sueur. Incapable de dormir, j'attends l'aube, sous le regard méfiant des hommes de garde.

Au matin, nouvelle expédition. Janusz distribue des grenades à plusieurs hommes. Tout le monde se met en route. Comme hier, ils ne laissent personne derrière eux. Femmes et enfants suivent. Cette fois, après avoir guetté au bord d'une route, nous regardons passer sans bouger un convoi militaire. Je suppose qu'il est trop important pour que la bande puisse l'attaquer. Longtemps après, une voiture découverte arrive, verte, longue et brillante. Des officiers allemands à l'intérieur, en uniformes chamarrés. Les hommes de Janusz attaquent immédiatement à la grenade, la voiture dérape puis explose au milieu des cris de joie. Une fumée âcre et noire envahit la route, des flammes jaillissent. Les Allemands brûlent dans la voiture.

Cette fois je participe, sur ordre de l'une des femmes, au nettoyage des lieux. Munie d'une branche d'arbre, les enfants poussent dans le fossé des débris de toute sorte. Les hommes poussent la voiture encore fumante dans le sous-bois et la recouvrent entièrement, puis vont jeter les corps un peu plus loin.

Je me sens mal à l'aise avec cette bande. Leur sauvagerie ne me convient pas. La mort d'un Allemand, je m'en fiche ; ce que je supporte mal, c'est la férocité de l'homme à la fourche, par exemple. Cette violence fait que je m'écarte d'eux le plus possible. Même s'ils tuent des Allemands, je ne les aime pas.

On m'a donné une plume, à moi aussi. Le gamin m'a montré à quoi elle servait. Il l'a placée sous son nez, le souffle l'a fait vibrer légèrement. Elle sert à vérifier que quelqu'un ne respire plus. S'il respire encore il faut utiliser une balle supplémentaire pour l'achever. Et les munitions ont l'air rare. Quant à l'homme à la fourche, il ne s'embarrasse pas de plume. Pistolet ou pas, il transperce.

Quelques jours ont passé. Nourrie de soupe fade et chaude, je cherche désespérément à m'enfuir. Ils partent en expédition chaque matin, et chaque matin j'espère qu'ils vont me laisser sur place. Mais si je ne me lève pas en même temps qu'eux, il y a toujours un homme pour venir me chercher et me faire avancer de force.

Ce matin-là, alors que les hommes finissent de s'armer, un coup de sifflet les fige sur place. Puis chacun ramasse ce qu'il peut et se met à courir sur le sentier opposé à la route. Quelqu'un vient de les prévenir d'un danger tout proche, et dans leur affolement ils m'ont oubliée. Je cours un moment derrière eux, le temps de gagner l'intérieur du bois plus profondément, puis je bifurque dans une autre direction, et leur échappe enfin.

Le soir, je me retrouve seule à établir mon petit campement habituel. Ma toile cirée par terre dans un creux, l'autre au-dessus de ma tête, sur des branches basses, ma musette sous la nuque.

Je ne me sens bien que seule, dans le silence, à écouter le bruit des feuilles, le cri de chasse des oiseaux nocturnes. Je ne veux pas marcher en compagnie de la mort. Je commence à la détester réellement, cette mort. Je lui parle. Elle a pris un visage humain, je la chasse :

— Fous le camp, la mort ! Je ne veux pas te voir !

C'est la mort en marche qui me dérange. L'homme qui la donne. Sinon, je n'ai pas peur des cadavres. Un mort ne peut faire de mal à personne, c'est du vivant qu'il faut avoir peur. Le dernier cadavre sur ma route m'a offert les étoiles de son uniforme et un poignard de bonne taille. Avant lui, un autre homme m'a offert une paire de galoches. Je n'ai pas regardé les visages, je n'aime pas. Certains sont déjà rongés, entamés. Jeunes ou vieux, Allemands ou Polonais, ils ne m'apprendront rien. Je leur prends l'essentiel à ma survie, chaussures, couteaux

La Pologne sent la mort. Depuis que je vis sans mes loups, je suis capable de sentir la mort à distance, qu'elle soit humaine ou animale.

Tous les sens en alerte, je traverse en été le pays de la mort.

9

Varsovie

Ils sont nombreux. Je les observe de loin, à travers les arbres. Beaucoup tiennent à peine sur leurs jambes, et pourtant ils marchent. Ils ne parlent pas, ne se regardent pas, ils avancent péniblement en une longue procession cahotante. Je n'aperçois que peu d'uniformes, en tête et en queue de colonne.

Certains portent des valises, d'autres poussent des petits chariots remplis de boîtes et de sacs empilés, ou des poussettes bourrées de toutes sortes de choses, d'autres encore trimballent d'énormes baluchons attachés sur leur dos. Je vois tituber les plus vieux, des adolescents poussent des vélos eux-mêmes chargés de paquets, des mères tiennent des enfants dans leurs bras... Tous portent l'étoile jaune à six branches, celle du chandelier de bronze de ma mère.

Je m'approche de la colonne, excitée, scrutant les visages qui défilent. Ma mère et mon père font peut-être partie de ce groupe de juifs qui passe si près de moi ? J'examine chaque adulte, le cœur battant de plus en plus vite. Presque au bout de la colonne, une femme, visage pâle et cheveux noirs, me chavire un instant. La même taille, la même démarche que ma mère. Ce n'est pas elle.

Il y a si longtemps que je marche seule, muette et livrée à moi-même, que le bruit des pas traînants, les respirations, les étoiles accrochées sur les poitrines de ces gens qui passent me donnent le vertige. Je devais avoir huit ans environ lorsqu'on m'a dit : « Tes parents ont été arrêtés par les Allemands et emmenés à l'Est. »

Je suis prête à tourner les talons pour retrouver ma route et mon sentier dans les arbres, quand une idée me vient à l'esprit ; ces gens vont peut-être dans un endroit où se trouvent d'autres juifs. En les suivant, qui sait si je n'arriverai pas jusqu'à mes parents ? Alors je marche derrière eux, sur la route, en gardant les yeux rivés au sol pour que personne ne me parle. Mais il n'y a pas grand risque : personne ne m'adresse la parole, comme si j'étais invisible.

Nous dépassons la lisière du bois, pour longer des prés arides, des fermes en ruine, des champs noircis par le feu où seules des herbes folles percent la terre brûlée. La colonne se maintient au milieu de la route et se range sur le bas-côté lorsqu'il faut dégager le passage pour un camion ou un chariot à foin. À marcher ainsi dans cette petite foule, une sensation de danger me prend à la nuque. J'ai toujours du mal à déterminer d'où vient le danger au milieu des humains. Le danger, depuis ma petite enfance, est d'être juif. Je marche ce jour-là avec des juifs, donc en plein cœur du danger. Ma mère avait toujours peur, et être juif c'est avoir peur, c'est tout ce que je sais. Alors j'ai peur, mais je marche. Parce que j'ai trouvé des juifs, enfin, sans avoir besoin de poser la moindre question. Le grand mystère est : vers quoi marchent-ils ?

La poussière soulevée par la procession est si épaisse à la fin de la colonne qu'elle me bouche le nez et me pique les yeux. Nous marchons des heures sur cette route, en plein soleil. Un soleil brûlant, vertical, qui me fait battre le sang aux tempes. J'ai la gorge si sèche qu'en voyant un petit garçon boire à une bouteille je la lui arracherais volontiers. Nous arrivons enfin, dans un petit village, devant une fontaine. Tout le monde se précipite pour actionner la pompe. Je partage un maigre filet d'eau avec une dizaine de bouches assoiffées. Puis la colonne se remet en marche et nous atteignons, quelque temps plus tard, les faubourgs d'une ville.

Les maisons sont serrées les unes contre les autres, quelques marchands ambulants poussent des charrettes, je vois une église... Nous débouchons finalement dans une rue pavée, et je comprends que nous sommes arrivés dans une grande ville. Sur un panneau, je déchiffre lentement le mot «Warszawa».

Soudain une femme crie devant moi et tombe en se tenant la tête. En me retournant, je vois sur le bord de la route deux gamins qui nous jettent des cailloux. La femme se relève, reprend sa place dans la colonne en titubant. La tête basse, je surveille à gauche, à droite, pour débusquer à temps d'autres lanceurs de pierres, mais c'est la seule alerte. Des passants s'arrêtent parfois pour nous sourire en criant : «Au revoir, juifs ! Do Widzenia !» La plupart du temps, on nous ignore.

Après avoir traversé des quartiers crasseux, délabrés, à l'abandon, nous arrivons dans des rues où des enfants courent au milieu des gravats. À la fin du jour, j'aperçois un spectacle étrange : des immeubles dont la façade est restée debout alors que le reste de l'édifice est tombé. Les rayons du soleil couchant passent au travers des fenêtres, tout rouges.

Nous avançons dans un dédale de ruelles pavées entre des maisons basses. Les gens de la colonne murmurent entre eux, montrant quelque chose du doigt. Deux soldats allemands armés, chaussés de bottes montantes, viennent de surgir en tête de la colonne. Ils se mettent à examiner les arrivants un par un, à vérifier des papiers. Je n'ai aucun papier à montrer. Je ne sais même pas à quoi ressemblent ces papiers.

Je regarde autour de moi, cherchant un moyen d'échapper aux soldats. À l'écart de la colonne, sur un trottoir voisin, des enfants jouent à quatre pattes. Je traverse lentement la foule, en m'immobilisant dès que quelqu'un semble regarder dans ma direction. Je me détache ainsi du groupe pour aller m'installer sur le trottoir, non loin des enfants, en faisant semblant de jouer avec des cailloux.

Personne n'a remarqué mon mouvement, et je recule doucement, mètre par mètre, sur mon derrière, jusqu'au coin d'une ruelle où je peux enfin me dissimuler.

J'attends, immobile, que toute la procession soit passée. Quand le dernier marcheur est presque hors de vue, je sors de ma cachette et recommence à les suivre, mais à bonne distance cette fois.

La colonne arrive devant un mur de briques grises et s'arrête. Je fais demi-tour en vitesse et, par des rues latérales, reviens à hauteur de ce mur. Planquée sous un porche j'aperçois des soldats casqués qui parlent à des gardiens en uniforme bleu, devant un portail métallique. Je m'accroupis dans l'ombre pour observer, sans risque pour moi, une scène bizarre : un policier coiffé d'une casquette d'officier passe en revue la colonne. L'air autoritaire, il vocifère des ordres. Mais il porte un brassard marqué de l'étoile juive et parle en yiddish à ces pauvres gens. Je sais reconnaître cette langue, sans toutefois la comprendre. De même, je ne comprends pas pourquoi il a l'air d'insulter les autres juifs, alors qu'il est juif, et de faire le chef. Impossible de comprendre ce qui se passe ici. Pourquoi ces gens sont-ils venus d'eux-mêmes devant ce portail où on les traite si mal ?

Ils sont épuisés, mais le policier les bouscule et empêche certains de s'asseoir. Après une longue attente, le gardien ouvre la porte.

Je tends le cou pour essayer d'apercevoir ce qu'il y a derrière ce portail en fer et ce mur. Rien qu'une ruelle semblable à celle où je me trouve, peuplée de gens portant des brassards. Je réfléchis. Est-ce que cet endroit est réservé aux juifs ? Est-ce que mes parents s'y trouvent ? Je m'attendais à ce que les arrivants passent le portail, mais seul un soldat franchit le seuil, et les gardiens referment les portes. La foule attend toujours à l'extérieur.

Le mur est haut. Comment le franchir ? Par le portail, c'est impossible. Même si les gardes l'ouvrent encore, je ne veux pas entrer avec ces gens, me retrouver prisonnière et ne plus pouvoir m'échapper.

J'ai souvent escaladé des murs, mais celui-là me paraît bien trop haut. Je cherche un autre porche, plus sombre, et plus reculé, pour m'y terrer durant la nuit. Pour une gamine comme moi, le danger est pire dans une ville que dans la forêt. Et cette ville est une grande ville, grand-père me l'a montrée sur la carte. Elle ne s'écrit pas pareil, mais j'en suis sûre, c'est Varsovie[1].

Dès que le soleil se lève, je rôde prudemment dans les arrière-cours des maisons, en quête de nourriture, et réussis à dérober du pain noir posé sur le rebord d'une fenêtre. Il est encore chaud, quelqu'un a dû le mettre à refroidir. Puis je retourne vers ce haut mur et commence à le longer pour dénicher un passage. Soit une brèche, soit une partie du mur moins haute. Rien.

C'est alors que je croise un petit garçon assis, pieds nus, l'air déluré. Puisque je n'arrive à rien toute seule, il pourra peut-être m'aider à passer derrière ce mur. Je cherche un moyen de me faire comprendre sans parler. Je lui montre le mur du doigt.

L'enfant me répond en polonais. Un doigt sur les lèvres, je fais « non » de la tête, pour lui faire croire que je suis muette. Je montre encore le mur, du doigt, puis ma poitrine. Le garçon me répond de la même façon, non de la tête. Il ramasse un bout de bois par terre et se met à dessiner une étoile sur le sol. Il me désigne l'étoile puis le mur, et fait un geste rapide de la main, comme s'il se passait un couteau sur la gorge.

Je recommence, obstinément, à pointer le doigt vers le mur, puis vers mes yeux. « Je veux voir. » Il me regarde comme si j'étais folle, mais je m'obstine. Finalement, il me fait signe de le suivre.

À un endroit du mur qui forme un angle, il s'arrête net, jette un rapide coup d'œil derrière lui, et d'un mouvement du menton me désigne un tas d'ordures. Puis il repart tranquillement dans son coin. Je fouille du pied et découvre un trou juste assez grand pour livrer passage à un enfant.

J'ai envie d'aller chercher le visage de ma mère et de mon père dans ces ruelles. Si tous les gens sont juifs, derrière ces murs, je pourrai poser des questions. Mais j'éprouve une peur immense, celle d'être prise au piège. Le geste de l'enfant se coupant la gorge... Je suis arrivée jusque-là et j'ai peur de ce trou, où un chien se glisserait tout juste sans s'écorcher les oreilles.

Je m'éloigne, reviens sur mes pas. Puis je m'allonge sur le

---

[1]. À ce moment-là, j'ignore qu'il s'agit du ghetto.

ventre, passe la tête, et regarde en vitesse de l'autre côté. Un tas d'ordures devant moi... En l'écartant, j'aperçois une ruelle déserte.

J'y vais. Je passe d'abord les bras puis la tête et jette un coup d'œil alentour. Il n'y a personne en vue. Je passe laborieusement de l'autre côté. Puis je remets les ordures en place et avance prudemment, en rasant le mur, jusqu'à une grande rue. Elle est pleine de gens misérables et terriblement maigres qui portent l'étoile jaune. Beaucoup sont blessés, je vois des plaies ouvertes, des yeux tuméfiés, des pansements sales, ça pue. Je me blottis dans un coin pour ne pas me faire remarquer, mais ces gens ne me voient même pas. Il semble que je puisse circuler dans ce quartier sans ennui [1].

Les rues sont affreuses, malpropres, les trottoirs jonchés d'ordures. Des monceaux de déchets et d'excréments s'accumulent dans les caniveaux. J'aperçois des boutiques, mais les vitrines sont vides, les portes d'entrée fermées par des planches clouées.

L'odeur que j'ai sentie aux abords du mur est encore pire ici. Un mélange d'excréments, d'urine et de chair en décomposition. En continuant à remonter la rue, je vois soudain le cadavre d'un homme juste devant moi, sur le trottoir. Son corps nu vaguement recouvert de papiers. Des jambes blanches et osseuses dépassent d'un côté, et de l'autre une tête horrible au regard fixe. Un groupe d'hommes passe devant le porche où je me suis réfugiée. Je les entends parler en yiddish d'un ton neutre, ils dépassent le cadavre comme s'il était normal qu'il soit là.

Je n'ai encore jamais vu de cadavre abandonné dans les rues d'une ville. Je n'ose plus avancer, je dois réfléchir avant d'aller plus loin. Je reste sous mon porche, à surveiller les gens qui passent, les visages. J'entends parler yiddish, polonais, allemand... Alors je me remets en marche, en gardant mes yeux et mes oreilles grands ouverts : quelqu'un pourrait savoir où sont

---

1. Ma courte intrusion dans le ghetto se situe certainement avant la révolte historique d'avril 1943. J'avais donc une dizaine d'années.

mes parents. Dans un de ces immeubles, derrière une de ces fenêtres ? Je frôle les gens pour essayer de capter quelques mots.

Il y a des mendiants à tous les coins de rue, parfois seuls, parfois blottis les uns contre les autres. Je passe de rue en rue, au milieu de gens déguenillés, malades. Ils ont tous l'air affamés. Bien plus que moi. Peu à peu l'espoir me quitte.

Je réalise la folie de mon aventure. J'ai suivi cette colonne de juifs jusqu'ici avec espoir. Mais quel espoir ? J'imaginais quoi ? Apercevoir ma mère marchant dans la rue, et moi me jeter dans ses bras ? J'erre dans les rues toute la journée en examinant tous ces visages inconnus, inconnus...

Soudain j'aperçois deux gardes en uniforme et je m'engouffre aussitôt dans une ruelle. Ma peur est si intense, à ce moment-là, peur d'être prise, capturée, enfermée, que je n'ai plus qu'une idée ; fuir. Un enfant mendie, squelette aux bras décharnés. Un autre est immobile sur le seuil d'une maison ; il me fixe de ses yeux profondément creusés, vitreux. Une autre enfant, une petite fille menue comme un oiseau, est recroquevillée sur le trottoir dans une mare d'excréments. Ils me terrorisent. Si je reste ici je deviendrai comme eux. Je mourrai dans une rue, sur un trottoir, et personne ne me regardera tendre la main. Alors je me dis silencieusement :

« Fiche le camp, Mischke, file par le trou ! Tout le monde meurt, ici ! Tes parents ne peuvent pas être là. Tu t'es trompée. Sauve-toi ! »

Mais où est le trou ? Je me rappelle qu'il se trouve à proximité d'un portail, mais des portails j'en ai vu d'autres exactement semblables. Je ne sais plus à quelle distance je me trouvais alors de cette première porte. Je m'arrête net. Deux officiers allemands, debout près d'un réverbère, discutent en regardant dans ma direction. Je file à l'intérieur de l'immeuble le plus proche. Le couloir sent l'urine. Je suis presque dans le noir, j'attends, dans cette insupportable odeur d'hommes et de mort, que les officiers allemands disparaissent de mon chemin. Je guette en jetant de temps en temps un coup d'œil dans la rue.

Tout à coup, une femme enceinte traverse maladroitement. Elle trébuche, essaie de se relever, mais le soldat allemand l'en empêche. La femme tremble, n'ose pas relever la tête. L'autre reste là, planté devant elle, ses bottes près de son visage. Puis il sort un revolver et lui tire froidement une balle dans la tête, avant de continuer son chemin. Aucun des passants ne réagit. La femme est morte parce qu'il l'a voulu, tout simplement.

La tête a éclaté, il y a du sang dans la rigole. Je suis prise d'une panique incontrôlable. Personne ne va punir personne, ici, personne ne va protéger personne. Ce n'est pas une ville. Il faut quitter cet endroit immonde, retourner au mur et trouver la brèche. Mais il ne faut pas courir comme cette femme. Ici, les gens servent de gibier aux autres, et il ne faut surtout pas se faire remarquer. Si je cours, un Allemand va courir derrière moi pour me tuer.

Je me perds plusieurs fois, angoissée à l'idée que l'obscurité tombe avant que j'aie pu retrouver le passage secret. Enfin je crois reconnaître le chemin, je suis près de l'angle de ce mur où je me suis faufilée, mais, j'ai beau regarder, je ne vois plus rien. Le trou est bouché. Le tas d'ordures qui le dissimulait n'est plus là. Ou alors je me suis trompée, je suis du mauvais côté de la rue. Je ne sais plus où aller.

Cette nuit-là, je me réfugie sous des planches derrière un immeuble. Incapable de dormir à cause de la chaleur étouffante, j'entends geindre des enfants. Toute cette ville empeste. Je veux fuir. Ici, il n'y a que des gens malades, des mourants. Ce mur qui les enferme est un piège. On entre ici, mais on n'en ressort pas.

Le lendemain matin, je fais le tour de toutes les portes. Elles sont gardées par des soldats allemands ou par des policiers juifs. Je longe encore le mur, en espérant trouver une autre brèche, sans résultat. Pour passer inaperçue, je me joins le plus possible aux bandes de gosses qui traînent dans la rue, affamés. Parfois, quand des gosses me voient approcher, moi, une inconnue, ils changent de langue. À un moment, j'entends deux enfants parler français. Un garçon d'une dizaine d'années et une petite fille aux tresses sales jouent à une sorte de jeu avec des pierres. Le garçon jette deux cailloux sur le sol et dit à la fille :

— J'ai gagné, je te dis ! Papa Maman **déportés**, ça fait deux. Ma sœur morte du typhus, ça fait trois (un **nouveau** caillou).

Mon grand frère fusillé, ça fait quatre (un nouveau caillou) !
Qu'est-ce qui reste ? Moi !
 Il ouvre la main pour montrer le dernier caillou.
 Ce deuxième jour, je fouille une poubelle dans l'arrière-cour d'un restaurant. Je mâche quelques pelures de légumes.
 À l'aube du troisième jour, recroquevillée sous l'escalier d'un immeuble, je réfléchis toujours, incapable de dormir, crevant de faim. La chaleur suffocante et la puanteur infernale me donnent la nausée. Je n'ai vu que laideur, famine, mort, sans aucune échappatoire possible.
 Une charrette de bois tirée par deux hommes, poussée par deux autres, passe devant moi, pleine à ras bord de cadavres nus, décharnés, empilés pêle-mêle, têtes et membres tressautant à chaque cahot. Deux gamins en haillons suivent la charrette. Peut-être connaissent-ils l'un des morts. Personne ne fait attention à eux. Si cette charrette va quelque part, c'est forcément dans un cimetière, et, normalement, un cimetière est en dehors de la ville. Un moyen de m'échapper ?
 Un corps glisse tout à coup à l'arrière et la charrette s'arrête. Les enfants le prennent chacun par un bras ou une jambe et le hissent sur le monceau de cadavres. C'est donc là leur travail, la raison de leur présence.
 La charrette repart et je fais comme les enfants, je marche derrière. Mes yeux à hauteur des corps, des bras et des jambes qui balancent au rythme des roues, je respire la puanteur. J'avance, fascinée par la peur, l'esprit bloqué : je dois m'empêcher de courir, je ne dois pas courir, il ne faut pas courir...
« Marche, Mischke, marche, marche... »
 Nous nous arrêtons une ou deux fois pour ramasser d'autres corps, puis nous arrivons dans un terrain vague envahi de déchets et de mauvaises herbes. Plus loin devant, le portail métallique d'un cimetière. Mais nous sommes toujours dans l'enceinte des murs.
 Je reste là, perplexe devant ce portail, sans savoir quoi faire. L'odeur que j'ai sentie dès mon arrivée, qui rôde dans la ville, qui imprègne tout, vient d'ici. Elle envahit les narines, pénètre dans la gorge, pique les yeux, se plaque sur la peau. Jamais je n'oublierai l'odeur de mort dans la chaleur étouffante. Le ciel

est sombre, lourd, comme s'il allait me tomber sur la tête, l'air irrespirable.

Il faut entrer tout de même. De toute façon, je ne sais plus où aller, ni par où passer. La charrette s'arrête enfin devant une fosse béante, et je vais me dissimuler derrière une pierre tombale. J'attends que les enfants aient jeté les corps un à un dans la fosse. La charrette fait demi-tour, s'éloigne, franchit les portes de fer. Je suis seule avec les morts. Le mur fait le tour du cimetière. Il n'y a pas de gardes, mais je suis à découvert et il me faut attendre la nuit pour chercher une brèche ou un moyen de l'escalader.

Derrière moi un monticule de terre assez meuble où j'ai vite fait de creuser un trou pour me cacher. De là, je peux surveiller l'entrée, et les gens qui vont et viennent.

Je reste cachée toute la matinée, le nez au ras de la terre. De temps à autre, une charrette arrive avec son chargement de cadavres. Je ferme les yeux, le visage couvert de sueur, comme si j'avais la fièvre. Un gardien fait parfois une ronde de pure forme. L'après-midi passe, je reste dans mon trou jusqu'au soir, enterrée vivante dans cette puanteur.

La nuit tombe lentement. Je claque des dents, le corps trempé d'une sueur intense. Soif, et la peau qui brûle. Je tremble de l'envie de me sauver.

Le ciel est noir à présent, sans lune, c'est le bon moment pour tenter de m'échapper. Le silence est lourd, pas de vent, pas d'air. Je cours vers le mur d'enceinte, dans le noir. Je ne vois que ce mur qu'il va falloir grimper. Je tâtonne, mes mains agrippent la moindre saillie dans les briques. Par moments, mes jambes tremblent tellement que je suis obligée de me mettre à quatre pattes.

Je palpe avec soin, méthodiquement, de haut en bas, les doigts en alerte, acharnée à trouver une petite brèche qui me permettra de grimper, de sortir enfin de cet enfer.

Je découvre soudain une brique légèrement descellée à hauteur de ma taille. Je tire, elle cède facilement. Mais les autres sont solidement cimentées. Rien à faire.

Je reprends mon travail, à deux mains, de haut en bas, progressant centimètre par centimètre le long du mur, en vain. Je perds courage. J'ai peur de rester enfermée dans ce cimetière. Peur de ne plus jamais connaître la liberté, la forêt. Peur de mourir comme les autres, et de me retrouver sur une charrette, puis dans ces fosses puantes derrière moi.

Je suis arrivée à l'extrémité du cimetière, devant un monticule noirâtre. D'autres cadavres ? Je m'approche prudemment en m'arrêtant à quelques pas. Ce n'est qu'un remblai de terre. Probablement destiné à recouvrir les fosses. Je grimpe dessus.

Ma main tendue vient de déceler une différence. Ici, les rangées de briques ne sont pas aussi lisses, on les dirait plus vieilles, rugueuses. En tâtant la surface à deux mains, je découvre deux briques en saillie légère et quelques crevasses. J'essaie de coincer le bout de ma chaussure sur la saillie, mais rien à faire, elle est trop haute.

Alors la rage s'empare de moi. Frénétiquement, des deux mains, je commence à amonceler de la terre contre le mur afin de grimper plus haut. Finalement, j'arrive à prendre appui sur la saillie. Puis, du bout des doigts, je m'agrippe dans un creux au-dessus de ma tête. Je glisse immédiatement. Je n'ai pas assez de prise.

Je cherche d'autres endroits. Juste à ma droite se dresse une colonne carrée intégrée dans le mur. Elle semble plus irrégulière que le mur lui-même. Je commence mon inspection. À force de tirer, de pousser, d'agripper la paroi avec mes doigts et mes orteils, en tirant parti des moindres aspérités, des plus petites crevasses, de toutes les irrégularités de la colonne, je me hisse à mi-hauteur, comme une araignée. Je ne suis pas loin d'arriver au sommet. Je grimpe encore de quelques centimètres, en me répétant sans cesse de ne pas regarder en bas, mais je perds soudain l'équilibre et atterris sur le sol. J'en pleure de découragement, mais je ressaie aussitôt.

J'entends des chiens aboyer au loin. Probablement à l'extérieur du mur. Comme une mouche j'escalade la paroi, mes mains nues et en sang, et mes pieds incrustés dans chaque centimètre de creux, jusqu'à ce que mes doigts accrochent enfin le haut du mur. Je n'ose plus bouger pour ne pas lâcher prise. J'ai mal partout, tant l'effort a été intense. Je n'ai plus qu'à me hisser.

Au-dessus de ma tête un dernier obstacle : une double rangée de barbelés attachés à un poteau métallique, et du verre brisé. Mes doigts et la paume de mes mains déchirés, allongée de tout mon long au sommet du mur, j'examine les piquants de fer. Je peux m'y faufiler, mais comment redescendre de l'autre côté ? C'est haut, et je ne distingue que du noir et du vide. Le vertige me paralyse. Je me laisse finalement tomber en fermant les yeux.

Je me demande si je ne me suis pas évanouie, ou assommée, en arrivant par terre. Mais dès que j'ai repris mes esprits, j'ai filé, filé, sans m'arrêter, jusqu'à me retrouver le long d'une voie de chemin de fer. Là, j'ai vu des wagons, entendu des cris, des sanglots, des gémissements, des hurlements... Terrorisée, j'ai repris ma course.

Je suis enfin tombée sur une rivière. J'y patauge avec soulagement. La puanteur est encore sur moi, sur mes vêtements, dans mes cheveux. Je bois, m'asperge inlassablement, plonge ma tête dans le courant. J'ai mal aux mains, de profondes coupures m'ont mis la peau à vif, et sur le moment je n'ai même pas senti la douleur.

J'ai besoin de retourner dans les bois, de me fondre dans une forêt où je pourrai respirer à nouveau librement, dans le silence des arbres, loin de cette terreur humaine. Mais il n'y a pas de bois en vue. Alors je reprends ma route, en me léchant les mains.

Varsovie est derrière moi, j'ai bien failli y rester, y crever. Je me demande si ce gamin ne m'a pas fait entrer exprès, pour me piéger. Ce trou, c'était l'entrée du piège ? Y faire passer les enfants et le refermer ensuite sur eux ? Je le maudis.

Un jour, planquée dans un fossé, je surveille un champ où travaillent des ouvriers agricoles. J'ai entendu parler français. Il m'a fallu beaucoup de patience pour enregistrer quelques phrases de leur conversation, dont une seule m'intéresse :

— Il y a des travailleurs belges à Minsk Mazowiecki.

Je n'ai plus qu'à trouver Minsk Mazowiecki. Ce nom ne me dit rien du tout. C'est assez compliqué dans la géographie mentale que je transporte. Pour trouver une ville, je connais deux méthodes. Suivre une rivière ou un fleuve, ou suivre des rails. J'ai vu des rails, ils vont à l'est, mais pas la rivière.

J'ai dormi plusieurs nuits sur les bords de cette rivière [1], maintenant je vais suivre la voie ferrée. Chaque fois que j'entends le bruit d'un convoi, je disparais dans un fossé. J'avance très lentement, il me reste des douleurs dans les jambes, après ce saut du haut du mur, et je dois m'arrêter très souvent pour me reposer avant de reprendre ma route comme une tortue.

La première ville que je rencontre ne s'appelle pas Minsk. C'est une drôle de ville, bien différente de Varsovie. Il y a beaucoup de sable. Le sol est recouvert d'une grosse couche de sable. À un moment, je m'arrête prudemment au coin d'une grande place pleine de monde. Des juifs. Un coup de feu retentit quelque part, et sans que j'aie le temps de réaliser ce qui se passe, la foule se rue dans ma direction. Je suis happée dans un mouvement de panique générale qui m'oblige à courir avec les autres.

Il y a d'autres détonations, les gens hurlent. Je ne sais plus comment, de bousculades en piétinements, j'ai réussi à me réfugier dans une entrée de porte, assez loin de la place.

Et de là je vois tout le spectacle, la raison de cet affolement : des soldats debout sur des camions militaires, qui tirent dans la foule. Les gens ne savent plus quelle direction prendre, les mitraillettes les cueillent où qu'ils aillent.

Une dizaine de gosses échappés du troupeau passent devant moi en courant. Ils ont l'air de savoir où aller, alors je les suis. Ils sortent de la ville, là-bas il y a des arbres, ils courent vers eux sans s'arrêter, sans crier, et une fois à l'abri dans les bois se jettent sur le sol, à bout de souffle. Alors un des gamins leur crie quelque chose en polonais, et je les vois se mettre à creu-

---

1. La Vistule.

ser de leurs mains dans le sable. Il n'y a que du sable par ici. Je fais comme eux. Une fois les trous suffisamment profonds, les enfants rassemblent des branchages, et s'enterrent.

La nuit tombe. Le silence aussi. Toute cette peur et cette agitation fébrile nous ont épuisés. J'entends par moments un gosse chuchoter dans un trou voisin, l'un d'eux est sorti de son trou, je l'ai suivi et j'ai bien fait, il m'a permis de boire dans un vieux puits. Puis je m'endors. Tout à coup quelque chose me réveille. Le jour s'est levé, une lumière passe à travers les branches. Les gamins s'agitent. Je passe la tête hors de mon trou, et je les vois ramasser des morceaux de pain éparpillés, les dévorer. Quelqu'un est venu pendant la nuit, des gens savent que des enfants se sont cachés, ils sont venus les nourrir. Il ne faut pas rester là. Des gens savent où nous nous cachons. Je mets un morceau de pain dans ma musette, un autre dans ma bouche. J'essaie de faire comprendre à un autre enfant qu'il faut s'en aller. Je sais, moi, qu'il ne faut jamais rester là où les hommes peuvent me trouver. Je tire l'enfant par la main, mais il ne comprend pas. Alors je l'abandonne. Ces enfants vivent ici, ils mourront peut-être ici. Si j'avais retrouvé mes parents à Varsovie, je serais restée moi aussi.

Je tourne en rond, pendant plusieurs jours, à la recherche de Minsk Mazowiecki. Je suis probablement passée à quelques kilomètres sans le savoir. Je n'ai jamais vu Minsk.

10

Mère loup

Les ongles de mes doigts de pieds raclent douloureusement la pointe des chaussures. Je m'assieds pour les ronger. Depuis les sandales ridicules de mes huit ans, j'ai eu tant de chaussures, elles m'ont fait tant de blessures, que mes pieds ne sont que cicatrices, tantôt ouvertes, tantôt fermées. Je me suis habituée à cette douleur physique comme au reste. À ma peau de lézard qui se fend l'hiver, se couvre de croûtes l'été.

J'ai eu mal aux dents, mal au ventre. Mal au dos, et aux jambes. J'ai vomi de faim et de peur, crevé de froid et d'angoisse. Je ne trouve le calme et la paix qu'en forêt, loin des humains. En forêt je suis chez moi. Je peux prendre le temps de gratter mes plaies et mes croûtes, de vivre autrement qu'en état de fuite permanente.

Le sentier que je suis en train de suivre mène à une vaste clairière. Tout au bout une falaise escarpée se termine par un promontoire rocheux. Cette position élevée constitue un refuge pour la nuit et un endroit idéal pour surveiller les environs. La falaise s'avère être plus haute et plus raide que je l'avais pensé, l'escalade est pénible. Mais, une fois là-haut, un immense bonheur m'est offert.

Trois louveteaux gris et pelucheux qui cabriolent ! Mon cœur cesse de battre une seconde. Je reste parfaitement immobile, sans oser respirer, de peur de les effrayer. Je cherche leur mère. En levant les yeux j'aperçois, pas très loin sur un rebord de la falaise, un loup adulte à moitié endormi. Un quatrième louveteau, d'un gris plus foncé, déboule en bondissant d'une anfractuosité de la roche. Le rocher que je viens d'escalader est une tanière de loups !

Je m'accroupis doucement et entreprends de redescendre la colline à quatre pattes. Comme le vent souffle vers moi, le loup adulte n'a pas encore détecté mon odeur et je ne veux pas l'inquiéter en restant trop près. Soudain il lève la tête en humant l'air.

Il m'a sentie. Il se dresse et se met à gronder sourdement. Je reste tapie au sol. Le loup avance vers moi avec méfiance, les oreilles dressées, la queue tendue, tandis que les louveteaux se bousculent pour regagner l'entrée de la tanière.

J'essaie de me faire la plus petite possible, roulée en boule, comme j'ai appris à le faire lorsque Ita le mâle m'avait menacée. Le loup s'approche, la tête tendue en avant, il renifle furieusement, et commence à tourner prudemment en cercle autour de moi. Je sens le souffle chaud dans ma nuque, il cherche à découvrir quelle sorte d'animal s'est aventuré devant sa tanière. Je ne bouge pas un muscle ; je respire silencieusement. C'est une femelle. Après une inspection minutieuse, elle me juge d'apparence inoffensive, s'éloigne, et retourne s'installer sur sa plate-forme, le museau sur les deux pattes avant, attentive.

Alors je m'assieds, avec des mouvements lents, bien consciente que sa surveillance ne se relâchera pas. De longues minutes s'écoulent, pendant lesquelles je demeure parfaitement immobile face à la louve qui me guette de ses yeux dorés, impassibles.

Finalement, un petit museau noir réapparaît à l'entrée de la tanière. Puis le louveteau recule à l'intérieur, mais pour réapparaître bientôt avec un de ses frères, puis un autre, et encore un autre. Une fois dehors, les quatre petits me regardent avec circonspection, mais je reste aussi immobile qu'une pierre. Alors, au bout d'un moment ils ne me prêtent plus aucune attention et se remettent à jouer. Et moi je les regarde. Je repense à ma louve, à mon désespoir d'alors. C'est si loin déjà, et j'avais tant besoin de retrouver des loups. Je remercie le ciel, le vent, la forêt. Aucun être, aucun animal au monde, ne m'a donné une telle sensation de bonheur, depuis ma vie avec maman Rita.

Du haut de son perchoir rocheux, la louve observe la scène les yeux mi-clos, tandis que les louveteaux recommencent à se bousculer, à se mordiller et à rouler par terre les uns sur les autres avec de petits glapissements haut perchés : Hiii... hiii...

Après un long moment, je tente de les imiter, en gémissant comme eux. Ils m'ignorent. Je recommence : Hiii... hiii...

L'un des louveteaux bondit alors vers moi mais s'arrête à bonne distance, vacillant sur ses pattes, la tête de côté, attentif. Je sors un morceau de fromage de ma musette, j'en détache un morceau et le jette sur la mousse. Le petit lorgne d'abord le morceau avec curiosité, s'approche timidement, le renifle, et l'engloutit. Les trois autres s'approchent alors pour renifler l'emplacement. Je leur lance trois autres morceaux qu'ils gobent instantanément avant de battre en retraite.

J'ai tellement envie de me mêler à eux, tellement besoin de caresser. Je me rapproche, en rampant doucement, m'arrêtant fréquemment, pour ne pas provoquer l'agressivité de l'adulte. Sait-elle qui je suis, cette mère louve ? Que lui a raconté mon odeur ? Si je pouvais lui faire comprendre que je suis de la même race. Que je ne demande qu'à être léchée, reniflée, traînée par le cou moi aussi, comme ses petits.

Je tends ce qui me reste de fromage vers les louveteaux en gardant le poing fermé. Ils approchent, se mettent à renifler et à lécher mes doigts, puis me donnent de petits coups de patte sur la main. Ils tournent autour de cette main fermée, cherchant le moyen de s'emparer de ce qu'elle cache. Lorsque je me décide à l'ouvrir, ils se ruent sur le fromage en se bousculant et en poussant des grognements apparemment féroces, comme des grands. Nous avons fait connaissance. Je frotte mes vêtements de fromage et m'allonge sur le dos pour les laisser grimper sur moi et me lécher.

La louve vient à son tour pour flairer l'odeur mais s'en désintéresse assez vite et retourne sur son perchoir. Alors je peux jouer librement. Ils fourrent leurs petits museaux dans chaque recoin de mes vêtements. Les moustaches duveteuses me chatouillent tellement le cou que j'éclate de rire. Ils lèchent ma musette imprégnée de toutes les odeurs des aliments que j'y ai transportés. Ils la mettraient en morceaux si je ne la mettais pas à l'abri. Il y a deux mâles et deux femelles au pelage encore velouté, mais ce ne sont plus tout à fait des bébés, les petites pattes courtes et les corps ramassés ont déjà des postures de grand. L'oreille du louveteau le plus foncé est fendue. Je le baptise : « Oreille coupée ».

Ils ont accepté rapidement mes caresses. Quand ils me mordent pour jouer, je les mords délicatement à mon tour. Le bonheur de ce moment me fait oublier angoisse et fatigues. Nous sommes cinq à faire des galipettes, des feintes, des embuscades. Si le chahut devient un peu trop bruyant, la louve qui nous garde redresse la tête et observe longuement, comme pour s'assurer que rien n'est grave ou dangereux.

Jouer avec les petits loups, pour moi, c'est redevenir enfant. Mais si je veux vivre avec eux, il me faut gagner la confiance des adultes. Pour l'instant, la louve me tolère, mais elle ne me laisse pas l'approcher. Je décide de passer la nuit à une distance convenable de la tanière et de revenir le lendemain.

Je me suis installée non loin d'un village, et dès le lendemain matin je pars en quête de nourriture. La première maison où je pénètre est la bonne. De retour avec ma musette pleine, je commence à préparer la distribution de nourriture aux louveteaux. Je coupe un morceau de viande en petits bouts que j'enveloppe dans des feuilles et fourre le tout dans ma musette en ayant pris soin de manger ma part avant.

Je suis tellement excitée de revoir les loups que je cours tout le long du chemin jusqu'en haut de la colline, mais au sommet, dégoulinante de sueur, je ne vois pas trace de mes amis. Déçue, je fais demi-tour, lorsque j'aperçois soudain un grand loup doré qui escalade lentement le talus. Le cou tendu, la fourrure hérissée... Je connais ce comportement menaçant du mâle, je l'ai vu chez Ita. Je me jette aussitôt sur le dos comme je l'ai fait avec lui. Ma naïveté et mon amour des loups sont si grands que je ne crains que leur fuite.

Le loup s'approche et commence à me renifler des pieds à la

tête. J'espère de tout mon cœur qu'il va retrouver sur moi l'odeur des louveteaux de la veille et décider que je suis acceptable. Mais il sent surtout l'odeur de la viande crue et commence à mordre ma musette. J'en sors rapidement la viande qu'il avale sur-le-champ avant de reprendre son inspection. Inspection pendant laquelle ma seule parade consiste à geindre à plusieurs reprises comme un louveteau. Finalement le loup recule et me regarde d'un air assez étonné. Il doit réfléchir à l'étrangeté de ce nouveau venu. Je gémis encore. Il se détourne enfin et s'éloigne. Je suis acceptée !

Les jours suivants, j'ai fait connaissance avec toute la meute, six adultes en tout, plus les quatre louveteaux. Chacun d'eux m'a fait subir une inspection comparable, minutieuse, et le résultat a été toujours le même. Moi, il m'a fallu du temps pour apprendre à les connaître. Au début, je dormais assez à l'écart de la tanière : je ne voulais pas leur imposer ma présence, craignant qu'ils ne décident de déménager. Chaque jour, j'ai passé un peu plus de temps sur le plateau rocheux, et un beau soir j'ai pu étendre ma toile cirée juste à côté de l'ouverture de la tanière où dormaient les louveteaux. À partir de ce moment, le repaire des loups, en haut de la falaise, devient aussi mon foyer. Le centre de mon existence.

Le chef de la meute est un grand mâle dont le pelage fauve vire au brun foncé sur la gueule. Lui et la louve dorée que j'ai appelée « Beauté » sont les parents des quatre louveteaux.

Beauté, parce que, lorsque je lui parle, je répète les phrases de ma mère ou de mon père. « Comment va ma « beauté » aujourd'hui ? » disait mon père. « Ta beauté n'a pas été « belle » aujourd'hui », répondait maman.

À mon tour de dire :

— Tu as faim, ma beauté ? Tu m'aimes, ma belle ?

La louve que j'ai rencontrée le premier jour est une vieille femelle à moustaches blanches, souvent chargée de garder les petits pendant que les autres chassent. Beauté ne cesse de la chamailler. Peut-être fait-elle mal son travail... Il y a deux autres femelles, que je baptise les « Jumelles », et un mâle que j'appelle « Clair de lune » à cause des taches blanches en forme de croissant qu'il porte sur les pattes de devant. Ils sont souvent tous partis, sauf la gardienne désignée, presque toujours la vieille femelle. Leur occupation essentielle et quotidienne est la chasse.

Juste avant de partir, les adultes se rassemblent, se donnent des petits coups de museau, se mordillent et se bousculent en agitant la queue et en frétillant. Puis l'un d'eux commence à hurler, parfois allongé sur le flanc, parfois assis ou debout. Alors tous les autres se joignent à lui, y compris la vieille et les louveteaux. Dix museaux se dressent vers le ciel et la meute reprend en chœur la chanson. Ensuite Beauté, ses compagnons et les trois jeunes adultes partent tous ensemble tandis que la vieille louve reprend sa place sur la corniche, surveillant le « terrain de jeu » des petits.

Ils sont unis, organisés, s'aiment, s'embrassent et se chamaillent. Parmi eux je retrouve la sensation d'avoir une famille, d'appartenir à un clan, et une immense fierté d'y être acceptée. J'ignore comment j'ai « appris » à vivre avec les loups. Je n'ai pas appris, en fait. D'abord, ils ne m'ont jamais fait peur, peut-être parce qu'on ne m'avait pas raconté d'histoires stupides à leur sujet. Ensuite, je me suis servie de mon instinct, c'est-à-dire que j'ai agi animalement, comme je vivais moi-même, à l'instinct. Je voulais rester près d'eux, j'ai tout fait pour qu'ils le veuillent aussi. La première des règles est de partager le gibier. Nous n'avons pas les mêmes terrains de chasse, et lorsque la meute part à la recherche d'un lièvre ou d'un chevreuil, j'en profite pour aller marauder chez les hommes de quoi manger.

La fréquence de mes rapines dans les villages a augmenté sensiblement par rapport à l'époque où je voyageais seule. Je ne peux plus rien mettre de côté pour les repas suivants. Depuis notre première rencontre, les louveteaux attendent que je rapporte moi aussi un festin. Je n'ai aucun moyen de cacher des réserves pour le lendemain : l'activité favorite des louveteaux consiste à fouiller dans ma musette. S'il y a la moindre nourriture ils la découvrent immédiatement et me harcèlent jusqu'à ce que je leur cède.

Je dois veiller soigneusement sur ma musette. C'est mon bien le plus précieux et je ne m'en sépare jamais. Elle pend toujours sous mon bras sauf quand je m'allonge pour dormir. Alors, sans ôter la bandoulière, je remonte le sac sous ma tête et m'en sers comme oreiller. Elle est élimée et la courroie a été plusieurs fois déchirée et rafistolée, de sorte qu'elle est accrochée plus haut autour de mon cou qu'au départ, mais j'y tiens. J'ai volé des chaussures, des couteaux, des vêtements dans les maisons. J'ai changé de couteau plusieurs fois, le dernier que je possède est un poignard à lame large et profonde, très efficace. Mais de musette, jamais. Je peux m'emparer du couteau d'un mort, mais pas de sa musette. La musette me rappelle grand-père. Pareil pour le bonnet de Marthe. Aussi crasseux qu'il soit et un peu déchiqueté, il reste sur ma tête, la pointe autour de mon cou. Quant à ma boussole, elle est au-delà de tous les trésors les plus précieux. Souvent je la transporte dans ma bouche, de peur de la perdre. Le coquillage qui la renferme est devenue lisse et nacré, à force de salive. Je dors avec mes bottes, ou les accroche bien haut à une branche d'arbre, sinon les louveteaux les mettraient en pièces. Ils aiment tout ce qui sent, toutes les odeurs.

Même quand ma musette ne recèle rien à manger, le parfum de viande, de lard ou de fromage accumulé depuis si longtemps les attire, si bien que je dois l'ouvrir et leur montrer l'intérieur en disant :

— Regardez... Vous voyez ? Il n'y a rien là-dedans. Mais attendez un peu, votre maman reviendra avec un bon dîner pour vous.

J'aime beaucoup rapporter des cadeaux de mes tournées de maraude, mais quand l'un des louveteaux s'empare d'un gros morceau de viande ou de pain, il s'enfuit à toute vitesse, poursuivi par les autres bien décidés à partager de force avec lui, ou à l'en déposséder totalement. Comme je déteste voir un petit affamé couiner de désespoir, je partage généralement le butin en quatre portions avant de le leur montrer, et je m'assure que chacun reçoive bien son dû. Et bien souvent ils sont rassasiés, le ventre bien rond, alors que j'ai moi-même cruellement faim.

Un jour, en regardant les louveteaux accueillir Beauté à son retour de la chasse, il me vient une idée. J'ai très souvent assisté au rituel du repas : quand leur mère apparaît sur le plateau herbeux devant la tanière, les louveteaux se précipitent vers elle. Ils la lèchent au museau, mordillent la gueule en gémissant avec insistance. Finalement, Beauté courbe le dos et régurgite un petit tas de morceaux de viande. L'idée, c'est que je pourrais peut-être tenter d'en profiter.

Un jour, alors que je n'ai rien rapporté d'une expédition infructueuse au village, je découvre, pas très loin de la tanière, les restes d'un faon à demi dévoré. Les loups se sont déjà rempli le ventre. Il y aura beaucoup à manger pour les louveteaux aussi. Moi, je crève de faim. Lorsque je retrouve la meute, les adultes sont occupés à leurs rondes de salutations habituelles, et les petits se pressent autour d'eux en gémissant et en implorant leur part. Comme d'habitude, Beauté courbe le dos et restitue un petit tas de viande déchiquetée. Les quatre louveteaux se ruent pour le dévorer avidement. Je m'avance vers le groupe et tends la main au-dessus d'eux pour prendre un morceau.

Soudain Beauté grogne méchamment et bondit vers moi. Elle me renverse en arrière et me maintient sous elle, les pattes raidies, babines retroussées sur les crocs à quelques centimètres de mon cou. Je n'ose plus respirer. Puis elle relève légèrement la tête et ses babines retombent sur ses terribles crocs, mais elle ne me lâche pas, menaçante. Je reste ainsi dominée, immobile, pendant plusieurs longues minutes, puis je lance quelques gémissements de louveteau. La punition doit lui paraître suffisante, car elle s'écarte lentement de moi et retourne auprès de ses petits.

La réprimande a été sévère, et j'en connaîtrai d'autres. S'il m'arrive de ne pas suivre les règles, ils grognent aussitôt ou claquent des mâchoires, pour me faire reculer ou m'immobiliser. Malgré cela, je ne les crains pas réellement.

En fait, après cet incident, j'imagine tout simplement que je n'ai pas assez bien imité les louveteaux. Je veux que Beauté me nourrisse. Autant par faim de viande que par besoin d'amour. Alors, au repas suivant, je rampe vers Beauté à quatre pattes en imitant de mon mieux les petits gémissements. Rassemblant tout mon courage, je pousse mon nez entre ses babines. Elle détourne la gueule, montre les crocs, mais ne semble pas offensée. J'essaie encore, cette fois en léchant et en mordillant son museau comme font les petits. Alors Beauté incline la tête vers le sol. Elle rend délicatement un petit tas de viande déchiquetée juste devant moi. Elle me nourrit ! Je peux moi aussi dévorer, sous sa gueule tendre, comme les autres petits, manger entre ses pattes, dans son odeur. Elle lèche mon visage, pour y retirer le sang du gibier. J'ai retrouvé une mère.

La viande crue m'a été donnée avec quelques morceaux d'os qui la rendent plus croustillante. J'adore croquer les os jusqu'à la moelle rouge. La tiédeur de la gorge de Beauté ne rend pas cette nourriture différente du gibier que je découpe moi-même.

Ce jour-là, la chasse avait été bonne pour les loups. Le lendemain, en passant à nouveau devant la carcasse du faon, je vois qu'il ne reste plus rien, sauf l'estomac et la peau.

Les petits grandissent, passent les lunes et les soleils levants, je vis avec eux, sur le même terrain de chasse. Les jours ont dû devenir des semaines et les semaines des mois, et l'automne arrive vite. On me traite à présent comme un membre de la meute, et après chaque absence on vient me lécher à grands coups de museau enthousiastes et en remuant la queue.

On lèche aussi mes blessures, et elles guérissent beaucoup mieux que lorsque je les gratte moi-même pour les débarrasser du pus. Je dors où ils dorment et mange ce qu'ils mangent, bien que ma portion soit modeste, car je suis toujours la dernière à être servie, même si j'ai moi-même apporté le repas.

Après l'incident avec Beauté, je prends bien soin de ne pas transgresser la règle. Et je désire tellement devenir un loup que j'imite tout ce qu'ils font.

C'est ainsi que je fais l'erreur, un jour, d'uriner à la manière du mâle et de Beauté : en levant la jambe sur un rocher voisin. Immédiatement Beauté vient me disputer en grognant. Je n'avais pas encore compris que seul le couple qui règne sur la meute a le droit de faire cela. Les autres s'accroupissent. Beauté m'a intimé l'ordre de continuer à m'accroupir comme les autres femelles.

En revanche, un jour, et ce fut un jour exceptionnel, j'ai réalisé à quel point j'étais intégrée à la meute. Tous les loups étaient rassemblés sur le plateau, prêts à partir pour la chasse. J'avais décidé d'aller en virée du côté du village dans la journée, et en attendant je me réchauffais, étalée au soleil.

Réveillée par les jappements des louveteaux qui se bagarraient brutalement, je m'aperçois alors que je suis seule avec eux. L'un d'eux a même une vilaine blessure à l'oreille, normalement une femelle devrait être là pour s'occuper d'eux. Mais la meute au complet est partie en chasse, il n'y a plus de loup adulte ici... La femelle de garde, c'est moi. Ils sont partis pendant que je dormais, comme ils partent d'habitude en laissant la charge des enfants à la vieille louve. Je me sens fière. J'existe dans la meute, je fais définitivement partie de leur famille. Rien n'est plus précieux pour les loups que leurs petits, et c'est moi qu'ils ont choisie. Moi, Mischke, je suis un vrai loup.

11

Tuer

Tout au long de cet automne magique, j'apprends de plus en plus à vivre en loup. Chacun d'eux a sa personnalité, il est différent des autres, même sa voix. Quand je les entends hurler au loin, je suis capable de reconnaître l'un ou l'autre par son timbre. Je sais qui est proche et qui est loin.

Partir, continuer ma marche vers l'est devient de moins en moins préoccupant. J'ai une autre vie, et je l'aime. Comme avec maman Rita, je n'ai plus peur de rien.

À l'arrivée de l'hiver, ma transformation en loup est évidente. Je sens le loup. J'aime mon odeur de loup, et je veux la garder. Ils me reconnaissent à mon odeur, et moi à la leur. Il y a des mois que je vis avec eux. J'ai totalement perdu le goût de l'humain. Les quelques maisons où je me ravitaille parfois ne m'apportent pas mieux que la forêt elle-même. Du gibier et des fruits, je n'ai besoin de rien d'autre. Mon bonheur est là, sur ce territoire entourant la tanière, où je connais chaque sentier, où je pars en chasse avec Clair de lune ou une autre. Une chasse pacifique qui consiste à me gaver de baies sauvages.

Un jour je ne m'aperçois pas immédiatement que mes deux compagnons de chasse ne sont plus visibles. J'étais avec Clair de lune et Oreille coupée ; j'entends un cri, lève la tête. Je me croyais seule, mais je sens brusquement une odeur humaine. Voilà pourquoi les deux autres ont fui. Ils sentent le danger de beaucoup plus loin que moi. Je me suis trop approchée de ce village, j'ai pris un risque énorme pour des framboises. Si j'avais mieux surveillé les loups, je me serais rendu compte du danger et j'aurais détalé avec eux.

Je bute presque sur un homme en uniforme, un Allemand. Il ne m'a pas entendu venir, trop occupé par sa proie. Je plonge aussitôt dans un bosquet. Le cri que j'ai entendu est celui d'une fille de treize ou quatorze ans. Elle se débat, mais il n'a pas de peine à la maintenir, car elle est mince et fragile. Il est en train de la tirer de force sous le couvert des bois. Je vois traîner ses longs cheveux sur le sol, il arrache ses vêtements, la frappe en plein visage. Quelque chose en moi se fige, souffle suspendu sur la terreur qui m'envahit. Je vois le boche se jeter sur elle, et un cri terrible monte dans la forêt, envahit l'espace autour de moi.

Je retiens ma respiration. Un froissement dans les branches, puis encore des cris : «Niet! Niet!». La tête de la fille tombe en arrière, je vois ses deux bras minces et blancs, ses jambes nues. Le boche, affalé sur son corps, s'agite violemment. Le hurlement d'animal blessé n'en finit pas. Il me glace de terreur. Je ferme les yeux un instant, j'ai l'impression que les battements de mon cœur s'entendent à des kilomètres. Elle ne crie plus. Le soldat se relève, il est essoufflé, son sexe dégoulinant de sang. Il remonte tranquillement son pantalon et le reboutonne comme s'il venait simplement de pisser. Il donne un coup de botte dans le corps de la fille qui ne bouge plus. Je sais ce qu'il lui a fait. Chez les loups, lorsqu'une femelle refuse, le mâle se fait mordre, alors il attend qu'elle veuille bien l'embrasser. Pas l'homme. Les loups sont amoureux, pas les hommes. Les loups savent l'amour, les hommes la mort.

Les yeux rivés sur le démon, je vois sa main qui reboutonne le pantalon glisser vers son pistolet. Il le sort de son étui, ajuste le corps, crache dessus, et tire en même temps. Puis il remet l'arme en place.

J'ai dû bouger, sursauter au coup de feu si proche, car il se tourne dans ma direction et avance. Je m'adosse à un monticule de terre, la main sur mon poignard, le long de ma cuisse droite. Je le tiens fermement, mon cœur bat la chamade, à soulever ma poitrine, mais je m'oblige à devenir froide, toute froide. Je veux vivre, je dois vivre, il faut que je reste en vie. Ce salaud ne m'aura pas. Si je garde les yeux clos, il me croira morte. Je suis si sale que mon visage doit ressembler à de la terre.

L'homme approche. J'entends les feuilles craquer sous ses bottes, j'entends le bruit des branches du buisson qu'il écarte, puis un autre. Je suis tellement tendue à l'écoute de son approche que j'entends même sa respiration. C'est à sa respiration que je me fie. Il est tout près, encore plus près. Maintenant il s'agenouille. Maintenant il se penche, son visage est au-dessus du mien, sa poitrine au-dessus de mon corps. Je sens son haleine.

La décision part de mon cerveau comme un coup de foudre : C'est maintenant ou jamais. Il ne faut jamais laisser passer la première occasion, jamais. « Maintenant ! »

De toutes mes forces je plonge le couteau dans son ventre. Ça rentre tout seul, et je le retire immédiatement. Je vois ses yeux arrondis de surprise, car il a saisi la lame à deux mains, par réflexe, et elles sont en sang. Ces salauds ne sont pas habitués à perdre. Il contemple le sang d'un air incrédule, et moi, comme un moustique enragé, j'attaque sans répit, le visage, le cou, la gorge, encore et encore. Il a un grognement, et pendant une fraction de seconde je vois ses yeux devenir fixes, grands ouverts. Il fait un effort pour atteindre son arme, mais je n'arrête pas de frapper, la lame de mon poignard virevolte. La gorge encore, les mains, le visage, c'est facile, je suis habile avec mon poignard, et plus le sang coule plus je frappe. Il est tombé à genoux, et moi plantée sur mes jambes écartées, solide, la plante des pieds clouée au sol, je perce ce corps plié au-dessous de moi :

— Ça, c'est pour la fille ! Ça, c'est pour mes parents. Et ça, pour moi, et ça pour le malheur que tu apportes partout, sale boche !

Il ne peut plus m'échapper. Je frappe, la lame pénètre, je la retire et la replonge encore. Je suis devenue folle de haine. Le sang est partout, il coule de son cou, de sa poitrine. Finalement il bascule et tombe sous moi, en m'inondant de ce sang ignoble. Alors je me dégage d'un pas, j'essuie la lame de mon poignard sur sa tunique. Mon superbe et magnifique poignard, celui que j'ai trouvé dans le secteur où Marek est mort, la poitrine crevée d'une croix gammée. C'est le plus beau couteau que j'aie eu jusqu'à présent. Il a tué comme il fallait.

Je récupère une de mes godasses perdue dans la bagarre. Le boche a une montre qui brille au poignet, je la lui prends, et je me sauve, cours à perdre haleine, en zigzaguant dans les bois, la tête vide, hébétée. Couverte de sang. Il est partout, ce sang maudit, il a éclaboussé mes cheveux, mon visage, mes vêtements, j'en ai le goût dans la bouche, il colle à mes mains. J'en tremble de dégoût, je titube comme une folle dans les bois, sans savoir où aller ni que faire. Je ne sais plus où je suis. Puis je m'affale contre un arbre, pour pleurer, hoqueter, vomir la mort de l'autre.

Alors ils arrivent près de moi en silence. Ils me regardent. Oreille coupée et Clair de lune penchent la tête et m'écoutent. Ils sont venus lécher le sang, me laver. J'ai tué une proie. L'ont-ils vu ? Est-ce qu'ils comprennent ? Oui, ils savent. J'ai tué, j'ai eu ma proie. Ils sont fiers de moi.

Je me relève pour gagner le ruisseau. Ils me suivent à distance respectueuse. Je plonge la tête dans l'eau, je lave, je lave, je retire mes vêtements, je plonge mon corps dans le courant, je frotte mon visage, mes bras et mes mains. Les yeux grands ouverts sous la surface de l'eau claire et fraîche, je les lave de toute cette horreur. Et les loups boivent avec moi. Leurs visages se reflètent dans l'eau pure comme un lac de montagne, à côté du mien. Image inoubliable de beauté.

Jusqu'à ce que la certitude me calme : C'est toi qui es vivante, parce que c'est toi qui as tué. C'est comme une danse folle avec mes loups. J'ai perdu l'esprit humain, je suis ivre, j'ai senti vibrer la mort dans le corps de l'autre, senti sa sueur, ce sang chaud qui coule. J'ai tué. La haine m'a soulevée, elle est venue du ventre, de mes tripes, une énorme bouffée de chaleur, j'aurais tué dix fois plus encore ! La terreur intense, la folie meurtrière, le dégoût à vomir, puis le plaisir animal : C'est moi la plus forte. Plus jamais je ne serai la même. Plus jamais je ne serais une petite fille. J'ai hurlé avec mes loups, j'ai dansé dans l'eau avec eux. J'ai déliré d'avoir triomphé de la mort. De l'avoir donnée, d'y avoir échappé.

— Fous le camp, la mort ! Je ne veux plus de toi sur mon chemin ! Fous le camp ! Je hais la mort et les humains.

Pendant plus de cinquante ans, je me suis tue. On ne peut pas dire la mort aux humains comme on la dit aux loups. Aujourd'hui encore, lorsque je regarde mon corps, que je le vois humain dans un miroir, je me dis : « Tu es animale, ce corps est une erreur. »

12

Malka et Misha

Les louveteaux ont presque atteint leur taille adulte, ils ont gagné le droit d'accompagner les autres à la chasse. Je suis seule la plupart du temps. Des tas de questions dans la tête. J'ai vu tant de choses que je n'ai pas comprises. Les juifs de Varsovie, soumis à quelques soldats allemands, enfermés derrière un mur où ils crèvent de faim. Pourquoi ? L'Est de grand-père, celui dont il disait : « Tes parents y ont été emmenés parce qu'ils sont juifs », ce n'est pas celui-là. Je ne peux pas l'admettre. Il est vrai que la notion de guerre me dépasse, que je grandis seule comme une bête sauvage et n'apprends que la survie. Aucun être humain ne m'a expliqué ce qui se passe autour de moi. Qui gagne ou qui perd la guerre, je n'en sais rien. Qui tue les juifs, je sais. La haine de l'Allemand est aussi aiguë que la pointe de mon poignard. Mais je refuse d'envisager que mes parents soient morts. Ils ont été « emmenés », pas tués. Ils ne pouvaient pas se trouver à Varsovie. Jamais ils ne seraient restés dans un endroit semblable, c'est mon idée. Mais depuis longtemps je ne marche plus à leur recherche. La famille des loups m'a envoûtée. À présent qu'ils ont repris leur existence de chasseurs, que les petits sont grands, je devrais partir. Moi aussi j'ai grandi, il faut essayer d'aller ailleurs, essayer de comprendre, pour retrouver mes parents. L'Est... je suis au bout. Et s'ils étaient de retour en Belgique, et s'ils me cherchaient ? Comment savoir ce qui se passe là-bas ? Pourquoi je n'arrive pas à quitter mes loups ?

Clair de lune est mon préféré. Il est bagarreur, indépendant, et il a décidé aujourd'hui de chercher querelle à son père. Le grand loup vient de s'installer au soleil, un os énorme entre les pattes de devant. Il le ronge avec application.

Clair de lune ne joue plus avec les autres, il a une idée en tête. Plaqué à terre il remonte les traces du chef, traverse lentement le plateau en rampant, centimètre par centimètre, se préparant à l'embuscade.

Le grand loup lui tourne le dos, il est donc complètement pris par surprise lorsque Clair de lune plonge sur l'os. Il grogne et se redresse, le poil hérissé. Je n'ai jamais vu deux mâles combattre. Le père paraît soudain deux fois plus grand que sa taille normale, il se rue sur Clair de lune en retroussant les babines, le happe par le cou et le plaque au sol. D'habitude Clair de lune se soumet, il l'a toujours fait lorsque le père mimait le combat avec ses petits. Aujourd'hui, il se dégage immédiatement et affronte son père. Les deux mâles roulent sur le sol en grondant sauvagement, mêlés en une masse de fourrures ondoyantes et de dents qui claquent. Enfin Clair de lune bat en retraite et dévale la colline en courant, oreilles rabattues, la queue tellement entre les jambes qu'on ne la voit plus. Le père se lance à sa poursuite. Il le chope plusieurs fois par la croupe et le renverse, mais, chaque fois, l'agilité et la jeunesse de Clair de lune lui permettent de se dégager et d'échapper aux mâchoires du chef. Il parvient à distancer son père, et le vieux loup décide d'abandonner la poursuite.

Clair de lune ne rejoint pas la meute ce jour-là, ni le suivant. Il me manque, et je crains qu'il ait été gravement blessé pendant la bagarre. Quelques jours plus tard, alors que je marche sur le sentier, assez loin de la tanière, j'entends un hurlement familier et, en progressant à l'oreille, je finis par repérer Clair de lune debout au sommet d'une colline. Il remue la queue en me voyant approcher mais ne bouge pas. Il a des marques de morsures sur tout le corps, la plupart superficielles, et il est amaigri, comme s'il n'avait rien mangé depuis le jour de la bagarre. Je m'arrête à quelques mètres de lui et fouille dans ma musette.

— Viens, ma douceur, j'ai un peu de viande pour toi. Allons, viens... tu as l'air affamé, mange, ma douceur... mange...

Comme il s'approche pour attraper la viande que je lui ai jetée, je décide d'en faire mon compagnon de route et de partager avec lui tout ce que je trouverai.

Le compagnonnage dure quelque temps. Clair de lune n'est jamais très loin, en tout cas il me rejoint assez régulièrement, mais un jour il disparaît pour de bon, et je me retrouve toute seule. Mes parents me manquent, le malheur, un peu oublié, revient me persécuter la nuit. Toujours le même cauchemar : je tombe dans le vide.

Avec la disparition de Clair de lune, la dernière excuse pour rester s'est évanouie. L'hiver arrive, je vais devoir trouver à manger régulièrement, le gibier sera rare, le froid redoutable, les maisons dans les villages calfeutrées, plus difficiles à visiter.

Je me souviens encore parfaitement des cartes de grand-père. Je suis venue de l'ouest mais je ne veux pas rentrer par le même chemin, à travers la Pologne et l'Allemagne. En allant vers le sud, je découvrirai peut-être un pays où il n'y a pas de guerre et où il sera plus facile de trouver à manger. Un pays où on ne tue pas les juifs, une terre sans Allemands.

Ma boussole va me guider vers le sud. Je reprends la route, tristement. Quitter la forêt pour s'aventurer chez les humains, quitter les loups pour la solitude, c'est dur.

Je marche depuis de nombreux jours, le sol est dur et froid, mon estomac gronde de faim. Je n'ai rien mangé depuis deux jours et je grelotte tellement que je n'arrive pas à m'endormir.

Hier le sol était si gelé que j'ai escaladé un hêtre immense et je me suis étendue à la fourche de trois grosses branches. J'y ai dormi une partie de la nuit. En redescendant, j'ai glissé trop vite et me suis cruellement écorché les poignets. Je sors mon couteau pour écailler délicatement des morceaux de croûtes séchées. J'ai faim. Pour avoir quelque chose à mâcher, je les mastique lentement.

Le ciel a viré au gris, le jour va se lever. Je roule ma toile cirée, rajuste ma musette, resserre le col de ma veste autour de mon cou, et je me mets en marche sur un chemin de terre à travers les prés. Je suis mal à l'aise dès que je ne marche pas à couvert, mais les signes de vie humaine sont rares par ici. Depuis des kilomètres et des kilomètres, je ne vois rien d'autre que d'immenses prairies désolées s'étendant jusqu'à l'horizon. Pas de fermes, pas de champs cultivés avec des pommes de terre oubliées, pas de granges remplies de blé ou de nourriture pour le bétail. Je me sens faible, mais j'ai peur de m'arrêter dans ce désert gelé. Une fois, j'ai eu tellement froid que je n'arrivais plus à me réveiller. J'ai peur, si je m'endors, de ne plus me réveiller. Alors, il faut marcher.

Je marche jusqu'au crépuscule, sans rien trouver à manger. Tellement affamée que j'en oublie ma prudence habituelle. Au loin, j'aperçois la silhouette voûtée d'une vieille femme qui ramasse des branches et du petit bois. J'avance délibérément vers elle. Elle m'aperçoit, se redresse un peu, le dos toujours voûté, et me regarde en clignant des yeux. Son visage est brun et ratatiné comme une vieille pomme très ridée. Je n'ai jamais vu quelqu'un d'aussi vieux. Des yeux gris extraordinairement pâles... De fines mèches de cheveux blancs s'échappent du fichu de paysanne qu'elle a noué autour de sa tête. Si elle est surprise de me voir, elle ne le montre pas. Est-ce qu'elle est aveugle ?

Je rassemble tout mon courage. Je vais l'aider, elle me donnera peut-être à manger. Je ne parle pas, j'indique seulement ma volonté de l'aider, par gestes. Elle ne pose pas de questions. Je la décharge du sac de toile dans lequel elle a entassé son petit bois, je l'aide à ramasser des branches. Quand la toile est pleine, elle me conduit toujours en silence vers une petite cabane en rondins à toit de chaume. Elle y entasse le bois derrière la porte, je l'aide encore.

Une fois le bois empilé, elle se tourne tout à coup vers moi et me parle. La musique de cette langue réveille immédiatement un souvenir douloureux. Ma mère. Lorsqu'elle ne voulait pas que je comprenne, elle parlait en russe à mon père. Cette vieille femme parle russe. Je hausse les épaules pour signifier que je ne comprends pas et mendie de la nourriture par gestes.

Elle me fait signe de la suivre à l'intérieur de sa maison, mais je reste plantée à l'entrée de la cabane. Une maison est un piège. Je sais qu'il fera plus chaud à l'intérieur, mais la méfiance m'empêche d'accepter. Une fois encore je réclame de la nourriture. Le geste de la main vers la bouche, les doigts cognant les lèvres. La vieille ferme la porte, et réapparaît un instant plus tard avec un bol de lait chaud et un morceau de pain. Elle me regarde l'engloutir en silence. Quand j'ai dévoré le dernier morceau et léché les moindres traces de lait, elle m'invite encore à entrer, mais je secoue la tête.

Je ne peux pas me résoudre à entrer dans sa hutte. Être enfermée quelque part m'est insupportable, et rien ne dit que cette vieille ne me veut que du bien. Les humains peuvent sourire et tuer en même temps. Je passe la nuit adossée au mur de rondins. Au matin, je trouve devant sa porte une autre tranche de pain et un bol de lait déposé pour moi, comme si j'étais un animal domestique. Un chien ou un chat.

Je mange en vitesse et repars. Je n'aime pas mendier, je n'aime pas qu'on essaie de m'attraper avec de la nourriture. Je préfère voler et être libre.

Un autre matin gris et morne, j'ai de la chance en visitant une cuisine désertée. Les forces reviennent un peu. Le village que je viens de quitter ressemble à tous les autres villages que j'ai traversés récemment. Des maisons incendiées et abandonnées, des chemins défoncés et des gens aux visages tristes. Des vieux surtout.

Les arbres qui bordent les rues sont coupés pour servir de bois de chauffage, le froid est de plus en plus rude. Très souvent les garde-manger ne recèlent rien d'intéressant. Les gens de ce village ont un toit au-dessus de la tête, mais la famine les menace tout autant que moi. Pourtant je poursuis ma route de village en village ; même dévastés et pauvres, ils constituent ma seule chance de trouver à manger.

Je me souviens des villages que j'ai vus en Belgique au début de ma fuite. On y trouvait toujours quelque chose. Toujours un vêtement pendu derrière une porte. Souvent une marmite chaude, de la viande, du lard ou du fromage. Les villages d'ici sont bien différents. La guerre est passée, la guerre a tout anéanti. Le pays, en dehors des villages, est lui aussi lugubre et ravagé. J'y vois des baraques abandonnées, sans fenêtres, au sol de terre battue, isolées dans les champs déserts. Quand le temps se gâte je cherche parfois refuge dans l'une d'elles, mais dans toute maison je me sens prise au piège, et je ne m'y résigne qu'en cas d'absolue nécessité.

Je continue à marcher jour après jour, mois après mois. Que faire d'autre ? Tous les pays que je traverse sont occupés par les Allemands. La famine et le danger sont partout, aucun endroit n'est sûr. Si je me fixe quelque part, je serai capturée.

Alors que je marche ainsi sur une route de terre battue, à l'approche d'un village, je fais une rencontre inattendue. Un vieillard titubant suivi d'un animal osseux et décharné. Un loup gris. Je m'arrête sur le bas-côté et attends qu'ils passent.

Un jeune homme s'arrête à côté du vieillard et ils commencent une conversation en russe. Le loup est étendu sur le flanc, à côté de son maître, et regarde la route d'un regard mort. Je m'approche pour mieux le voir. Il porte un harnais de cuir grossier, il est attaché par une chaîne métallique à la taille de son maître. Il est aveugle.

Tandis que les deux hommes discutent, le loup commence à mordiller un morceau de peau à vif sur sa patte de devant. Cette pauvre créature me fait mal au cœur. Je sors de ma musette un morceau de couenne de porc que je viens juste de voler et, dès que les hommes regardent ailleurs, je le jette sur le sol, devant les pattes du loup. Au lieu de l'engloutir comme je m'y attendais, il se redresse, grogne et s'écarte de moi, les oreilles rabattues sur la tête. Les deux hommes se tournent alors vers moi. Je leur souris, ils me sourient en retour, et reprennent leur conversation. Je ramasse le morceau de couenne pour l'offrir à nouveau au loup. La bête gronde encore et refuse mon présent. Je fourre la couenne dans ma musette et m'éloigne, malheureuse.

Pourquoi m'a-t-il rejetée ? Je porte encore les vêtements imprégnés de l'odeur de Clair de lune et des autres, et pourtant cet animal ne me reconnaît pas comme l'un des siens. J'aurais tellement voulu nourrir ce loup décharné, devenir son amie. Pourquoi ne veut-il pas de moi ?

Je me creuse longuement la tête et finis par trouver la réponse. Il a grogné et s'est écarté de moi. La vieille louve faisait la même chose quand elle croisait Beauté. Beauté harcelait souvent les autres membres de la meute, surtout la vieille, visiblement la plus faible, qui grognait et battait en retraite. Le loup aveugle a agi de la même façon. Il m'a prise pour un congénère plus fort que lui. Comme il est faible, il a reculé. Je suis toujours un loup ! Je serai toujours un loup.

Je me suis cachée derrière une haie, le long d'un mur, attendant l'occasion de m'introduire dans une cuisine. Le bombardement surprend tout le monde en plein jour. Les gens dans la rue se dispersent dans toutes les directions, se ruant vers leurs maisons ou cherchant refuge sous les porches.

Les explosions assourdissantes se succèdent sans cesse, ça tombe de tous les côtés, et je vois des nuages noirs, des flammes orange s'élever derrière les toits. La tête dans les mains, je plonge par terre et me recroqueville contre le mur. Je ferme les yeux de terreur et sursaute à chaque explosion. Des vagues de fumée âcre tourbillonnent dans la rue et, tout autour de moi, j'entends des bruits de verre fracassé. Ma gorge et mes yeux brûlent. Maman... Maman, si tu voyais où je suis... Protège-moi.

Soudain je sens quelque chose se faufiler entre mes jambes. Un petit chien blanc est venu se blottir contre moi ; les yeux fous, il tremble de peur. Je le ramasse pour le serrer contre moi et lui chuchoter à l'oreille.

— Ça va, ça va, ne t'inquiète pas, ça va...

Une énorme explosion me renverse alors contre le mur et le sol lui-même tremble sous l'impact. À côté de moi une portion du mur s'effondre. Sans réfléchir, je me relève et cours vers la maison la plus proche, en serrant le chien sous mon bras. Je frappe de toutes mes forces sur la lourde porte en bois.

J'entends une voix de femme affolée à l'intérieur, mais personne ne vient. Je donne des coups de pied dans la porte, en hurlant silencieusement :

— S'il vous plaît, s'il vous plaît, ouvrez, laissez-nous rentrer !

Mais la porte reste close. Et les explosions continuent, de longs sifflements emplissent l'air. Terrifiée, je me rue vers la maison suivante, puis une autre, mais personne ne vient ouvrir. Je m'effondre en sanglotant contre la dernière porte. Et tout à coup, au milieu de cet enfer, je repense à grand-père levant le poing vers les avions, et gueulant : « Si je dois mourir, je mourrai ici, dehors, au grand air. »

J'arrête de pleurer, je me traîne vers mon mur en rampant et me blottis contre lui, serrant toujours le chien dans mes bras. Je ne tremble plus. Le chien semble calmé. La peur n'évite pas le danger, le courage non plus. Mais la peur rend faible, et le courage rend fort. J'ai compris une nouvelle chose : il y a deux façons de mourir. On tremble ou on ne tremble pas. Je ne tremblerai plus jamais.

Chaque arrivée dans un village me met les sens en alerte. J'ai vu des murs troués d'impacts de balles, maculés de sang, de débris de cervelle et d'os. J'ai vu une tête fracassée contre les briques. Mais je n'ai plus d'émotions, de larmes dans la gorge ou de tremblements de peur. Je ne sens qu'une chose en moi : méfiance, pour rester en vie.

Dans l'un de ces villages, j'entre, comme d'habitude, dans une grange vide à côté de la dernière maison sur la route. Un système pour pouvoir fuir plus facilement. Je cherche, comme toujours, n'importe quoi à manger. Je rampe sur le plancher, mon orteil heurte une latte disjointe et, en me penchant pour l'examiner, je découvre qu'elle dissimule une échelle qui mène à une pièce en dessous. On cache peut-être de la nourriture en bas. Je descends explorer cette cave humide. Je ne trouve que des toiles d'araignées, des poutres et des meubles brisés, rien à manger. Je m'apprête à remonter lorsque j'entends des cris frénétiques à quelque distance de là, et d'autres voix qui crient des ordres en allemand. Puis des salves de mitraillette. Je m'assieds dans le noir. Des cris, des mitraillettes. Puis le silence complet.

J'attends longtemps encore dans l'obscurité, guettant le moindre bruit, mais je n'entends plus rien, ni voix ni bruits de pas. La nuit tombe quand je me décide à sortir de ma cachette. Un silence de mort règne dans le village. Pas de lumière aux fenêtres. Je remonte la rue principale, lentement, prudemment, et le cauchemar commence. De chaque côté de la route, les portes d'entrée des maisons sont grandes ouvertes. Toutes sortes d'objets sont répandus dans la rue, des chaises, des tables, de la vaisselle, des casseroles, des lanternes, des vêtements, des jouets... Dans la rue, entre les mares de sang encore frais, des cadavres aux yeux ouverts, les habitants de ce hameau. Des hommes et des femmes, des jeunes et des vieux, dans des positions bizarres, le corps criblé de balles ; parmi eux, parfois sous le cadavre d'un adulte, des corps d'enfants. J'ai déjà vu un train bombardé, une fois. Lorsque je suis arrivée, c'était le même silence, les mêmes morts, femmes, enfants, soldats. Fous le camp, la mort... Je vomis. Les Allemands sont partis. Alors je regarde le ciel et je crie :

— Tu as vu ça ? Hein ? Mais qu'est-ce que Tu fais ? Qu'est-ce que Tu fais ?

Je reprends ma route, enragée. Il n'existe pas, ce dieu, c'est un schmock ! Si je rencontrais seulement un de ces Allemands, je le tuerais comme j'ai tué l'autre. Je le tuerai sans prévenir. Je marche, marche, insultant. Pleurant. La méfiance et la haine, c'est tout ce qui me reste. Et le dieu de ma mère, là-haut, ne fait rien. Il s'en fiche. Je peux toujours crier : «Fous le camp, la mort ! Fous le camp de mon chemin !» Elle s'en fiche, la mort.

Un matin tôt, je marche à l'abri des fourrés, sur un chemin de crête, en direction d'un clocher lointain. J'entends un grondement de moteur de plus en plus fort. J'écarte les branches pour observer la route de terre battue qui traverse la plaine, en contrebas. Un gros camion. Il a quitté la route et s'arrête au milieu d'un champ.

Des soldats allemands sautent à terre, courent à l'arrière du camion et ouvrent les portes. D'autres soldats descendent, suivis par un groupe de petits garçons et de petites filles. Les enfants sont blottis les uns contre les autres, amorphes, effrayés, sans doute malades. Une petite fille blonde comme moi, au bout de la file, serre une poupée de loques contre sa poitrine. Les soldats traversent le champ avec les enfants et les alignent le long d'un grand fossé. Tout est terriblement silencieux. Comme s'ils jouaient à un jeu, les soldats s'éloignent un peu, puis se retournent, pointent leurs fusils, et tirent. Un par un les enfants basculent dans la fosse. La petite fille à la poupée est l'une des dernières à tomber. Je ne la quitte pas des yeux, immobile, muette. L'écho des balles est renvoyé dans les collines autour de moi. Je vomis convulsivement. Je vomis à ne plus rien entendre. Lorsque je me relève, le camion s'en va.

Et tout à coup une drôle d'idée. Je veux savoir la taille de ces enfants. S'ils sont grands comme moi, ou plus petits. Jamais je ne me suis préoccupée de choses pareilles. J'ignore mon âge, le temps passé depuis que je cours à travers la guerre. Ce jour-là, j'ai besoin de savoir s'ils sont comme moi.

Je me mets contre un arbre. Je pique mon couteau au-dessus de ma tête, et je commence ma mesure, avec les mains. Ils me ressemblent. J'en ai même vu de plus petits. Ce sont des enfants et moi aussi. Ils tuent des gens comme moi, tout le temps. Ils tuent les petits !

Aucun loup ne tuera jamais un petit. Je sais tout de vous, les humains. J'ai vu Varsovie, j'ai vu les trains bombardés, j'ai vu le soldat nu tuer cette fille, j'ai vu les enfants morts.

C'est à cause des hommes que je n'ai plus de parents, que je crève de froid et de faim, que je vois la mort sans arrêt. Je ne pleure plus, je n'insulte même plus le ciel ce jour-là.

J'aime les corbeaux. Leurs croassements signifient souvent qu'il y a quelque chose à manger. Du blé dans un champ, ou une charogne. Quand j'entends leurs disputes je pense aux loups, car les corbeaux sont toujours les premiers à arriver après une chasse. Ils sautillent prudemment, guettant l'occasion de happer un morceau, avant même que les loups aient fini de manger.

En suivant un vol de corbeaux bruyants, je vois un panache de fumée qui tourbillonne au-dessus des arbres. Des hommes. Je m'approche prudemment pour jeter un coup d'œil. La fumée s'échappe de la cheminée d'une grande cabane de rondins. Deux hommes et une femme sont assis sur un billot de bois devant la cabane, les coudes sur les genoux. Ils discutent et fument. L'un d'eux porte un uniforme, mais qui n'est pas allemand. Derrière la cabane, à côté de deux petites bicoques, un cheval est attaché à un arbre. Je suis en train d'observer la scène à travers les buissons, lorsque je me sens soudain soulevée par le col de ma veste. Je me débats sauvagement, en donnant des coups de pied, mais l'homme puissant qui m'a soulevée me tient à bout de bras. Je suis prise, impossible de m'échapper. Je me calme.

Il me conduit à la cabane, où les trois personnes que je guettais m'observent avec curiosité. On me fait entrer dans une grande pièce à l'intérieur, où un groupe de personnes rassemblées autour d'une table discutent avec animation. Tout le monde me regarde. Un homme en uniforme se lève et fait le tour de la table pour me regarder de près. Il a l'air amical et s'adresse à moi avec douceur. Je ne comprends pas un mot de ce qu'il dit, et comme je ne réponds pas il s'adresse à ses camarades. Ils se lèvent et s'en vont.

Cet homme est un chef. Je l'observe attentivement. Il a une épaisse chevelure noire, des yeux très sombres et une barbe. Son uniforme m'est inconnu.

Il me montre du doigt et répète une phrase, toujours la même. Il veut savoir mon nom, mais je ne réponds rien. Puis il pointe son doigt vers lui et articule : «Misha».

On m'appelait Mischke, avant. La consonance est presque la même. Misha, Mischke, je fais «oui» de la tête. Il sourit de toutes ses dents et me caresse la tête.

Je me sens bizarre. Il y a si longtemps qu'un être humain s'est montré amical envers moi. La dernière personne qui a eu un tel geste d'affection pour moi, c'est grand-père.

Misha m'installe sur une chaise à côté de la table et appelle une femme qui attendait debout sur le seuil de la cabane. «Malka!» Elle approche rapidement. Misha lui parle, son bras posé sur son épaule. L'homme est grand, fort, sa peau a l'habitude du dehors. Dans les yeux de la femme, je vois de l'admiration pour cet homme. Ces gens ne me veulent pas de mal, apparemment, mais je reste méfiante.

Je regarde autour de moi. Ils ont un gros poêle à bois qui ronfle, et je n'ai pas connu de chaleur semblable depuis des années. Avoir si chaud m'engourdit un peu. Puis je remarque une vingtaine de fusils, posés contre le mur.

Qui sont ces gens? Puisqu'ils ne sont pas allemands, ils doivent combattre les Allemands. Mais ils sont peut-être aussi sanguinaires que ceux que j'ai rencontrés en Pologne.

La femme m'installe sur une chaise, plus près de la chaleur. Puis elle sort de la cabane et revient peu après avec une casserole couverte qu'elle pose sur le haut du poêle. Au bout de quelques minutes, une odeur de cuisine se répand dans la pièce et me met l'eau à la bouche. Mais personne ne me donne à manger, et l'attente me paraît interminable. Je n'ai pas mangé chaud depuis des années. Je n'ai senti d'odeur semblable qu'en passant devant certaines maisons, où je ne pouvais ni entrer ni voler, puisque les habitants s'y trouvaient. Enfin Malka me tend un bol fumant, que je contemple, extasiée. Du chou et des pommes de terre. Je voudrais manger lentement, faire durer le plaisir, mais je ne peux pas m'empêcher de l'engloutir. Alors elle me regarde en souriant et remplit mon bol de nouveau.

Malka est jeune, belle, une vraie femme. La première femme guerrière que je rencontre. Elle porte une grande blouse, des couteaux glissés dans son ceinturon, des jupes volumineuses et des bottes. Elle est immense, forte, son visage carré a quelque chose d'animal, et lorsqu'elle se déplace on ne peut pas s'empêcher de l'admirer.

Après la nourriture, elle me présente à des enfants qui vivent avec eux, me montre où je vais dormir: une partie de la grande salle commune est réservée au couchage, les enfants y dorment à même le plancher. Je n'ai jamais rencontré de gens comme eux et ils m'intriguent beaucoup. Ils m'ont capturée, mais j'étais en train de les épier, c'est normal. Par contre, ils m'ont nourrie et me procurent un abri. Je n'ai pas du tout envie de me sauver. Au bout de deux ou trois nuits, je me sens presque à l'aise, ils semblent avoir compris que je ne parlerai pas, et me donnent des petits travaux à faire.

Je brosse le cheval brun attaché dans la cour avec une poignée de foin, lorsque Malka s'approche, me prend par la main et me conduit dans la cabane. Misha vient aussi. Il porte un bonnet de fourrure brun foncé qui me fascine. J'ai perdu le bonnet de Marthe, je ne sais où, il était mon fétiche, ma chaleur, mes souvenirs. Mais ce n'était qu'un bonnet de laine, celui de Misha est une merveille, comme je n'en aurai jamais. J'ai certainement dû le regarder avec un air d'envie, car il a surpris mon regard au moment où il l'enlevait, et il me sourit. Cet homme n'a rien de brutal, il me fascine un peu.

Je comprends rapidement pourquoi Malka m'a fait venir à l'intérieur. Sans me quitter des yeux ni lâcher ma main, elle explique quelque chose à Misha qui l'écoute, assis sur une chaise. Son regard va de la femme à moi, posément. Puis il se lève et commence à m'expliquer quelque chose. Il me montre du doigt ; je dois faire quelque chose. Il se frotte le visage, la poitrine, les jambes, les bras, et me désigne à nouveau du doigt. Je ne comprends pas ce qu'il veut, jusqu'au moment où il fait semblant d'ôter ses vêtements, de prendre quelque chose dans sa main et de le passer vigoureusement sur tout le corps. Il veut que je me lave. Un bain !

Je secoue violemment la tête : « Non, non, non, pas de bain ! »

Il n'est pas question que j'ôte mes vêtements : en cas de besoin, je n'aurai pas le temps de me rhabiller. Je me renfrogne, en regardant mes pieds. Évidemment, ils sont tous mieux vêtus et mieux chaussés que moi. Mais moi, je sens le loup. Me laver, c'est perdre mon odeur. C'est perdre aussi de la chaleur. Me laver, je ne sais plus. Je n'y pense pas, sauf lorsque je dois baigner une plaie, rafraîchir mes pieds ou nettoyer mon visage de débris quelconques. Je crois bien que je n'ai pas ôté mes vêtements depuis que j'ai dû les laver du sang de l'Allemand. Je dis non et non de la tête.

Alors ils m'entraînent dans une petite pièce où Malka décroche du mur un grand baquet. Tous les deux commencent à le remplir avec des casseroles d'eau qui chauffent sur le poêle. Quand le baquet est presque plein, Malka apporte des vêtements propres et me les montre : une chemise, un chandail, des pantalons et des bandes de tissu pour protéger les plaies, qu'elle pose sur une chaise à côté du baquet. Elle me montre aussi une brosse, une savonnette grise et un carré de tissu épais pour m'essuyer.

Je ne bouge pas. Misha se dirige vers la porte et jette un dernier coup d'œil par-dessus son épaule. Je ne bouge toujours pas. Alors il fait signe à Malka de quitter la pièce avec lui, et il fait un geste pour me dire d'attendre. Je l'entends traîner une chaise, il me la montre, puis la place juste devant la porte qu'il ferme presque entièrement. Je m'approche pour jeter un coup d'œil. Il s'est assis sur la chaise, le dos à la porte, les bras croisés sur la poitrine. Ainsi personne n'entrera, il me protège. Je n'ai plus qu'à obéir.

Je ferme la porte, un peu rassurée. Ils ont l'air de tenir beaucoup à ce bain. Alors je me résigne. Je me débarrasse de toutes mes couches de vêtements, pose ma musette bien en vue, avec mes petits trésors : une montre et ma boussole. Je prends le savon et la brosse et entre dans le baquet. En fait, je n'aime pas beaucoup être là-dedans. Sans vêtements, on est en danger. Il est loin le temps où je me déshabillais pour habiller le cheval Jules, et où maman disait : « Ne fais pas ça... il ne faut pas, tu n'aurais pas le temps de te rhabiller... » De plus, c'est mon premier bain chaud depuis mon départ de Belgique[1].

Je plonge la tête sous l'eau pour me rincer les cheveux. Eux aussi me servent à avoir chaud, je les garde longs dans le dos à l'intérieur de ma veste, de temps en temps je coupe au couteau ce qui dépasse sur mon front. Mon crâne est couvert de croûtes et de bestioles qui me démangent. À certains endroits, la saleté

---

1. Environ trois ans.

est tellement incrustée que, si je gratte, la peau commence à saigner.

Je fais vite. L'eau est devenue noire et épaisse, il y flotte des débris. Sur une table je trouve des bandes de drap déchiré que j'enroule autour de mes plaies suintantes. Examiner mon corps nu est une expérience inhabituelle. Mon torse a changé ; sur les os et les muscles, mes seins ont poussé. Je m'en fiche. Ce qui compte, c'est que j'aie des muscles, comme un garçon, puisque les garçons sont plus forts que les filles. J'enfile les vêtements que l'on m'a donnés, récupère ma musette. Les pieds entourés de chiffons noués à la cheville, j'ouvre la porte.

Mon apparition déclenche chez Misha et Malka un grand éclat de rire qui me déconcerte. On m'explique bientôt l'erreur que j'ai commise. J'ai bien revêtu les vêtements propres qu'on m'a donnés mais par-dessus mes haillons dégoûtants. Je ne voulais pas renoncer à leur précieuse odeur de loup. Comment leur faire comprendre…

Misha se frappe les cuisses et rit à perdre haleine. Malka aussi, si fort qu'elle manque de tomber par terre. Leur joie est si contagieuse que je me mets à rire moi aussi. Je n'ai pas ri depuis autant de temps que je ne me suis pas lavée. Grand-père me faisait rire lorsqu'il chantait « Joli mois de mai, quand reviendras-tu… » Ou qu'il me donnait la lune…

Je ne peux pas m'empêcher d'aimer ces gens. Ils me donnent envie d'aimer, et envie de rire, et de manger chaud, et d'être à l'abri. De leur faire confiance. Je ne m'attendais pas à ce qu'ils fassent preuve d'autant de gentillesse et de générosité.

Pour la première fois depuis des années, je veux parler à quelqu'un, raconter à Misha. Mais je parle français, et lui russe. Et même s'il comprenait, les mots ne sortent pas facilement de ma bouche. Je les ai oubliés, j'articule avec peine. J'ai tellement vécu la bouche fermée, dans le silence, ou à parler aux nuages et aux bêtes, que mon vocabulaire est réduit.

— Écoute ! Écoute ce qui m'est arrivé…

Ça les fait rire davantage. Misha hoche la tête, me tape sur l'épaule. Alors je me tais. Frustrée. Peut-être vaut-il mieux que je me taise encore, de toute façon. Je ne sais plus.

Au moins dire : « Je cherche mes parents à l'est, mon père se nomme Reuven, et ma mère Gerushah… » Mais que pourraient-ils savoir, eux qui ne comprennent même pas si je dis : « J'ai soif… »

Au bout de quelque temps passé avec eux, j'ai assimilé une information simple : Ce sont des combattants cachés, des partisans, et je suis en Ukraine.

Ma vie avec eux est la plus douce depuis que j'ai quitté les loups. J'ai un endroit chaud où dormir, des repas chauds, une protection et une compagnie amicale. Je décide de rester pour reprendre des forces ; l'hiver a été si rude, et j'ai tant souffert.

Il me serait facile de m'échapper. Contrairement à ce qui s'est passé en Pologne, personne ici ne me surveille. Mais je ne pars pas. Je reste à cause de Misha. Il est mon héros. Quand la porte s'ouvre et qu'il entre dans la cabane, mon cœur se réchauffe. Et lorsqu'il s'en va, il me manque. C'est un chef, un homme de guerre contre les Allemands. Il est beau et fort. Et surtout il n'est pas sauvage comme ces Polonais qui tuaient à coups de fourche. Et il parle le russe, comme ma mère. Je me sens russe, j'aime être russe. Ils sont forts et vont gagner la guerre.

Les combattants de Misha sont aussi lourdement armés que les Polonais, mais je n'assiste ni ne participe à aucune de leurs actions. Lorsqu'ils partent avec leurs fusils, les enfants restent sur place. Et je suis sûre que Misha et ses hommes, eux, ne tuent pas d'enfants. Ils sont aussi plus riches que le groupe des Polonais. Ils ont une maison et des vêtements chauds. Ils n'ont pas cet air sauvage et méfiant des partisans polonais. Ils rient souvent, crient et chantent à pleine voix quand ils en ont envie. Quelques hommes vont souvent faire un tour au village dans une camionnette, même en plein jour, comme si la guerre n'existait pas. Il m'arrive de les y accompagner, le village est avec eux.

Et ils sont gentils. Même l'homme qui m'a capturée, Petia, est un brave homme. La première nuit que j'ai passée avec eux, il m'a offert une gorgée de sa bouteille. J'ai reconnu le même alcool que j'avais bu chez les Polonais et, cette fois, j'ai réussi à avaler. Ça m'a tenu chaud un moment.

Quand il réfléchit, Misha a l'habitude de s'asseoir devant la maison et de tailler un bout de bois. Je m'assieds à côté de lui et le regarde faire. Le couteau qu'il utilise est différent de tous ceux que j'ai vus auparavant. Un manche robuste recourbé pour permettre une bonne prise, une lame noire des deux côtés, qui ne brille pas la nuit. Un jour, il comprend que je meurs d'envie de le prendre en main et me le prête. Je l'examine attentivement, en caressant le manche dans le creux de ma main, puis j'essaie le tranchant de la lame sur un bout de bois. Il me regarde faire, respectueusement, comprend que je sais tenir un couteau, puis le reprend. Je me sens fière de sa confiance. C'est un honneur que de toucher au couteau du chef.

Si j'essaie de calculer le temps passé avec Misha et sa bande, je dirai la moitié d'une lune, environ. Des jours de repos et de nourriture, comme je n'en ai pas connu. Je me sens forte, solide. Ce chagrin qui embrumait ma tête et me rendait malade, depuis les bombardements, les morts, la famine, m'a enfin quittée. Je n'ai pas l'intention de m'installer définitivement avec eux, mais je laisse passer les jours, et un soir, je remarque des préparatifs de départ. Ils emballent le contenu de la cabane et empilent des objets et des caisses près de la porte. Tout ce qui se trouvait dans la maison, y compris les fusils, est prêt à être embarqué. Ils vont se battre.

Le lendemain matin, ils chargent le tout dans les camions. Je reste debout à côté de la porte, à regarder les petits groupes se mettre en route l'un après l'autre, en me demandant si Misha va partir aussi. Il ne reste plus que la camionnette dans laquelle il se déplace. Finalement, il sort coiffé de son bonnet de fourrure et portant un manteau sur son uniforme. Il vient vers moi, me prend par le bras et me fait signe de monter.

Je secoue la tête : « Non. »

Il relâche mon bras et hausse les sourcils, l'air surpris. En souriant, il me montre la route d'un geste de la main, mais je secoue encore la tête. Quelque chose me dit qu'il est temps pour moi de repartir seule. D'abord, je ne veux pas me battre. Je me dis que j'ai survécu, qu'ils vont gagner cette guerre, et que je dois retrouver mes parents. Je dois rentrer. Retourner d'où je viens.

Moi aussi j'ai une famille comme eux, et on m'attend là-bas en Belgique. C'est sûr. Mon père et ma mère sont revenus.

Misha me regarde un long moment perplexe. Puis il lève un doigt pour me faire signe d'attendre. Il fouille dans une grande boîte à l'arrière du camion, revient s'accroupir devant moi et me présente solennellement trois cadeaux :

D'abord un bonnet de fourrure exactement semblable à celui qu'il porte, qu'il plante sur ma tête.

— Chapka ! Chapka !...

Une miche de pain bien épaisse.

Un couteau identique au sien, avec une belle lame noire.

Je contemple ces trésors avec une grande envie de pleurer. Mais moi aussi, je peux donner. Je fouille dans ma poche et en tire la montre du soldat que j'ai tué. Elle brille dans ma main. Misha me regarde droit dans les yeux avant de la prendre. Il la range soigneusement dans sa poche et passe doucement sa main sur ma tête. Puis il grimpe dans la camionnette et s'en va.

Je ne l'ai jamais revu.

Bien des années plus tard, j'ai essayé de découvrir qui il était et ce qu'il lui était arrivé. On m'a parlé d'un Misha, commandant de maquis ukrainien, dont les exploits pendant la guerre contre les Allemands furent racontés dans un vieux livre publié à Moscou. Il y avait une photo dans ce livre, montrant une silhouette sombre, en chapka et en bottes, semblable à la sienne. L'uniforme bardé de cartouchières croisées sur la poitrine, l'homme tient un fusil. Mais il n'a pas de barbe. Et les traits du visage sont si peu visibles sur cette vieille photographie que je ne saurais dire si c'est lui. Je voudrais que ce soit lui. Une grande émotion m'a saisie lorsqu'on m'a dit que ce Misha était mort il y a peu de temps. Mon Misha ? Plus tard j'ai gardé son prénom pour moi. Mischke est devenue Misha. Russe dans l'âme.

13

Retour à l'ouest

Elle est là ! Un miracle s'est produit, et elle est là, ma belle maman.
— Maman ! Comment m'as-tu retrouvée ?
Elle me sourit, simplement, et je suis envahie d'une joie extraordinaire, divine.
— Oh, maman, je suis si heureuse de te revoir !
Elle me dit quelque chose que je n'arrive pas à entendre et elle sourit, mais ses yeux ne sourient pas. Ses yeux sombres sont tristes.
— Pourquoi tes yeux sont-ils si tristes, maman ?
Mais elle ne répond pas.
Ça ne fait rien. Rien n'a d'importance, puisque elle m'a retrouvée et que nous sommes à nouveau ensemble. Maman me tend les bras et je cours vers elle. Je meurs d'envie de la serrer dans mes bras de toutes mes forces, mais elle commence à reculer et mes jambes refusent d'avancer.
— Ne t'en va pas ! Ne t'en va pas ! Attends-moi !
Mes jambes sont paralysées. Je ne peux plus les bouger, pas assez vite. Les bras tendus de maman s'estompent et se dissipent peu à peu.
Elle a disparu !
Je me réveille dans un violent sursaut. Elle n'était pas réelle. Maman ! je voulais que le rêve revienne, mais il a fui. Fui.
À nouveau seule. Je ne savais plus où aller, comment retourner au pays d'où je viens. Alors j'ai choisi l'ouest sur ma

boussole. En me disant que c'était la seule manière de revenir en arrière. Mais je ne voulais pas refaire le même chemin et revoir toutes ces horreurs. Alors, quel ouest ? Je me suis mise en route en direction du soleil couchant.

« Je vais les retrouver, je vais les retrouver. » Je marche vers la Belgique. Puisque j'ai survécu jusqu'ici, puisque je ne suis pas morte de froid, de faim, puisque personne ne m'a capturée, mes parents aussi ont survécu. Et eux aussi ils sont retournés en Belgique.

Le paysage a changé autour de moi. Au fil des jours, des lunes, le printemps a mouillé la terre, et moi aussi j'ai changé. Je suis sûre de moi. J'ai eu si peur qu'on ne peut pas avoir plus peur, alors je marche presque gaiement. J'aurais tant de choses à raconter à ma mère : les loups, Misha, les bombardements, comment je me suis sauvée de Varsovie, tout ce que j'ai vu.

Ma confiance est si grande qu'en arrivant à un pont je suis presque surprise d'y voir un soldat allemand. La vue d'un uniforme allemand est liée au pire de mes souvenirs. Une bouffée de haine. Une envie de tuer. J'ai vu brûler un camion rempli de soldats allemands. C'était quelque part en Ukraine. Je marchais sur un sentier, la plaine était devant moi, et j'ai vu le feu. Il y avait eu une bataille, beaucoup de voitures renversées. Des Russes avaient fait des prisonniers, ils les poussaient dans un camion, ils dansaient tout autour, ils prenaient des armes, des choses que je distinguais mal. J'étais dans le fossé, je voyais tout, et j'ai vu la torche. Ils ont mis le feu à ce camion, avec les Allemands dedans. J'étais fascinée par les hurlements. La victoire ! C'était ça, la victoire ! J'étais contente, fière des Russes. C'étaient mes copains qui me vengeaient. Les Allemands brûlaient pour tout ce qu'ils m'avaient fait. Ils payaient parce que j'avais marché, crevé de faim, souffert, parce que j'ai dû tuer, parce que je suis une petite fille qui a perdu ses parents et qui n'a jamais eu de bonheur. J'aurais voulu mettre le feu moi-même. J'aurais voulu qu'ils en brûlent davantage. Si je n'avais pas la certitude que mes parents sont vivants en Belgique, je serais restée avec Misha pour les brûler tous.

Et il reste ce soldat allemand devant le pont. Je file me cacher.

Je le hais, mais je ne peux pas tuer quelqu'un qui ne me provoque pas. Pourtant il faut que je passe le pont. Il n'y a que ça qui compte. Je dois donc trouver un moyen.

Je me frotte un peu le visage en crachant dans ma main, tire sur mes cheveux, planque ma musette. Je vais aller vers lui comme si j'étais une gamine du coin. Juste une gamine qui passe. En fait, je suis affreusement sale et déguenillée. Je marche vers le soldat. En sautillant d'un pied sur l'autre, j'arrive devant lui et lui fait un grand sourire, sans m'arrêter de sauter d'un pied sur l'autre, en jouant. Il me fait un grand sourire lui aussi, et je passe le pont.

Mais j'ai la main sur mon couteau, et derrière le sourire, je me dis : « Si tu me touches, tu le prends dans le ventre ! Si tu me touches, tu le prends dans le ventre... »

Je me sais rapide. Courir, grimper, me servir de mon couteau, me cacher, fuir, je fais tout cela très rapidement.

Je suis donc arrivée en Roumanie. Avec des difficultés de terrain que je n'ai pas encore rencontrées jusqu'ici. Des montagnes de plus en plus hautes, qui m'obligent à chercher des passages et des détours dans les vallées. Souvent le spectacle est magnifique, la neige tout en haut, le ciel bleu foncé, les oiseaux. Mais plus le temps passe, plus la marche est difficile, et plus je me sens triste et découragée. Une drôle de tristesse qui m'empêche de dormir. Qui me fait me lever avant l'aube pour m'attaquer à ces journées épuisantes. Je traverse des villages lugubres, détruits, je rencontre moins de soldats allemands, mais d'autres uniformes noirs, inconnus, avec des insignes en forme de croix [1]. Ils m'ont l'air aussi menaçants. Parfois j'ai le sentiment que je ne trouverai jamais de pays qui ne soit pas en guerre. Souvent désorientée, je regarde ma boussole, en me demandant si le couchant qu'elle me désigne est bien ma route de retour. C'est terrible, je ne sais plus où est la Belgique. La carte de grand-père était facile à suivre dans ma tête, jusqu'ici : l'est, toujours l'est... Maintenant je marche tantôt au sud, tantôt à l'ouest, sans savoir du tout où je vais atterrir. Et il y a encore et toujours des

---

1. Probablement des miliciens.

morts. Quand je ne les vois pas, je les sens. La montagne les garde, hideux, décomposés. J'en trouve dans les fossés, sur les routes, au beau milieu d'un pré. Je me fiche bien du printemps qui revient Je déteste le printemps. Tous ces oiseaux qui chantent, ces fleurs qui éclatent parlent de bonheur.

Grimper sans arrêt, redescendre, se retrouver désorientée, et recommencer à grimper. Un soir, je m'arrête au fond d'un ravin, devant des montagnes à pic infranchissables. Elles me barrent la route vers l'ouest et me font peur. Je suis capable de marcher pendant des jours, mais grimper est un calvaire, car j'ai le vertige. Et il n'y a pas d'arbres pour s'accrocher, rien qu'une paroi rocheuse, recouverte d'une mousse desséchée, des couloirs de pierres qui dégringolent. Il y a des semaines que je grimpe et redescends, terrorisée, le long de ces parois. Parfois, devant le vide, j'ai presque envie de sauter. Mourir. Abandonner.

Mais l'envie de vivre est la plus forte, la rage de réussir aussi. Je traverse des rivières glacées, ma boussole dans ma bouche, j'en ressors grelottante. Je voudrais rencontrer des loups; il n'y a pas donc pas de loups dans ce pays pour m'aider?

Je pleure très fort, toute seule dans ce désert de montagnes. Je revois les morts, j'entends les bombardements, et souvent, alors que je me suis endormie épuisée sans m'en apercevoir, je me réveille en sueur et en hurlant. Je suis tombée dans le vide, j'étais au bord d'un ravin, et soudain plus rien, le vide, le vide...

Je voudrais vivre sur une île avec des animaux, alors que je grimpe et m'accroche pour retrouver les humains, parce que mes parents sont parmi les humains.

Chaque fois que je peux suivre un cours d'eau, le chemin est plus facile. Mes pieds n'en peuvent plus. De bottes en sabots, de galoches en chiffons, ils ont connu toutes les souffrances. Nus dans l'eau froide d'une rivière, ils me font encore mal. Quelque chose s'est déformé, j'ai des boules douloureuses, des écorchures permanentes, des engelures qui n'ont jamais guéri. Et plus de peau, mais une sorte de corne épaisse sous laquelle la douleur ne s'endort jamais.

Enfin, dans un village, j'ai croisé une charrette. Le paysan transportait des peaux de bêtes. J'ai marché quelques secondes, l'air indifférent, derrière lui, et subtilisé une peau que j'ai enfouie très vite dans ma veste, puis j'ai ralenti le pas. Le paysan n'a rien vu.

J'en ai doublé le fond de mes galoches de cuir raide. C'est doux. Puis, lorsque le temps s'est réchauffé, j'ai enveloppé mes pauvres pieds de morceaux de tissu volés à l'étendage. J'ai découpé de larges bandes et enveloppé mes orteils, en remontant jusqu'à la cheville pour faire ensuite un nœud. C'est moins douloureux que de garder ces galoches aux pieds. Mon moral est moins bas. Mais j'ai de moins en moins de forces. Alors que je voudrais marcher dix fois plus vite, l'épuisement ralentit mon avance.

Bonheur, un jour, dans un pré un cheval noir. Si noir qu'il se découpe dans l'herbe verte comme une peinture. Personne autour, pas même de maison en vue, ou de clocher lointain. Je m'approche doucement, il est libre, pas de harnais ni de selle, une crinière magnifique. Je m'approche encore, il hennit un peu. Alors je lui parle. Il n'y a qu'aux animaux que je peux parler.

— N'aie pas peur, je suis une amie... n'aie pas peur... tu es beau...

Je m'assieds par terre pour le regarder. J'aimerais bien aller sur son dos, je suis si fatiguée. Mais, dès que je fais un mouvement pour me relever, il recule, effrayé. Alors je ne bouge plus. Je ne pense même plus, je crois. Si fatiguée, si lasse, et si petite devant ce grand cheval noir. Je n'ai plus la force de tenter quelque chose. Ça dure longtemps, lui debout, moi assise. Soudain, c'est lui qui approche et me pousse du nez. Il me renifle, en faisant un grand bruit de ses naseaux humides. Je cherche dans ma musette un morceau de pain sec, dérobé je ne sais plus où. Il retrousse les babines et le prend délicatement. Encouragée par sa douceur, je caresse les jambes de devant, le poil est lisse et brillant. Puis je me lève et me frotte contre lui, sur le flanc, près du cou. Il se dérobe encore un peu. Il y a longtemps que j'ai quitté les loups, mais je me demande si mon odeur n'est pas encore là, à lui faire peur. Finalement, je m'agrippe à sa crinière, pour essayer de grimper sur son dos. Je tombe et roule entre ses pattes, mais il fait très attention de ne pas me faire mal en se dégageant. Alors je recommence ; j'ai besoin de lui pour avancer.

— Tu vas m'aider, je vais monter sur ton dos, et tu vas me porter, je suis fatiguée, tu sais...

Je veux absolument y arriver. Au bout de deux ou trois tentatives, où je me casse encore la figure, enfin je parviens tout en haut, sur le dos lisse. Je serre très fort les cuisses, trouve mon équilibre près de l'encolure, où l'écart est moins large pour mes jambes. Le visage contre son cou, je l'encourage.

— Avance, allez, marche... marche... porte-moi, s'il te plaît...

Dès qu'il s'est mis à trotter, je suis tombée, et j'ai dû recommencer l'escalade.

Mais j'y suis arrivée. J'ai dormi sur son dos tandis qu'il avançait. La nuit j'ai dormi contre son ventre. Le lendemain aussi. J'ai traversé un village sans rencontrer personne, alors que je m'attends à voir surgir son propriétaire qui me pourchasserait à coups de fourche ou de bâton. J'arrive même à lui faire tourner la tête à droite et à gauche. Nous n'avançons pas beaucoup, mais je dors, et je suis bien. Au matin suivant, il n'est plus là lorsque je m'éveille.

Marcher devient un supplice, je me creuse la tête pour trouver un moyen de locomotion. Prendre un train en cachette. Mais sans parler, sans argent, et dans l'état de saleté où je me trouve, c'est une aventure difficile. Sans compter les soldats. Je guette toute une journée à proximité d'une gare.

J'ai vu des enfants courir après les wagons, jouer entre les rails. J'en ai aperçu deux, des gamins à peine plus hauts que moi, sortir de dessous un train qui venait de s'arrêter et quitter la gare en courant. Ils l'ont fait, ils ont trouvé quelque chose où s'accrocher là-dessous, je dois y arriver moi aussi. Mais il y a trop de monde, trop de soldats, pour que je tente le coup cette fois-là.

En suivant les rails vers l'ouest, j'arrive à une autre gare, un matin très tôt. Peu de monde. Deux ou trois personnes sur le quai. J'attends derrière un hangar que la locomotive arrive. Il faut qu'elle aille dans le bon sens, c'est-à-dire à l'ouest. Le train arrive, la locomotive me passe devant en m'environnant de fumée, et s'arrête. Je cours derrière le dernier wagon. Vite, à plat ventre entre les rails, j'examine le dessous.

Entre les roues d'acier, une longue planche est suspendue sous le châssis. Elle est étroite, mais je peux m'y allonger sur le ventre et m'agripper aux bords.

Lorsque le train redémarre, j'ai un moment de panique : le sol est très près de mon visage, je vois les cailloux défiler à toute vitesse. Tant que le train n'a pas encore accéléré, ce n'est rien, mais lorsqu'il s'emballe et file dans un virage, je ferme les yeux et serre si fort les bords de la planche que je ne sens plus mes doigts. Tout tremble là-dessous, moi y compris. Si j'ouvre les yeux, je prends des poussières. Si je les ferme, j'ai peur de tomber. J'avale de la poussière, des herbes, j'étouffe. Les vibrations sont si violentes par moments que je me vois éjectée sous les roues, écrasée, éclatée. Ça n'en finit pas. Lorsque le train attaque un tunnel, je crois mourir étouffée. Une bouffée d'air chaud me crache toute la suie du monde à la figure.

J'ai eu bien du mal à tenir jusqu'à la gare suivante, j'ai cru mourir cent fois. Si bien que, lorsque le train s'arrête, je me laisse tomber entre les rails, prends mon élan et file comme si j'avais toute une troupe d'Allemands derrière moi. Plus jamais je ne recommencerai.

Suivre les rails à pied, oui, c'est même le meilleur chemin avec les cours d'eau. Surtout dans ce pays, où le train passe dans les endroits les moins élevés.

Un jour, j'ai de la chance. De loin, alors que les rails étaient vides à perte de vue, j'aperçois une locomotive. Premier réflexe, je saute sur le bas-côté. Mais la locomotive ne roule pas, elle est arrêtée en plein milieu des collines. J'avance dans les fourrés. Je vois deux mécaniciens, assis dans la locomotive, qui se parlent en hurlant. Puis des wagons de bois, ceux où l'on transporte les bêtes. J'entends des mugissements. Je vais jusqu'au dernier wagon, m'agrippe à une roue énorme, et grimpe à l'intérieur. Bonheur, je tombe dans du foin.

Je trouve le voyage merveilleux. Ça roule, et moi je rêve, les pieds allongés dans la paille, le dos dans la paille, la tête dans la paille. Je suis bien. Tout est beau autour de moi. Je vois défiler des paquets de petites maisons, des moutons dans les prés, des collines désertes ; le train grimpe, la locomotive siffle. Si je pouvais filer comme ça jusqu'en Belgique, jusqu'à la grande gare...

Mais le train ralentit et s'arrête. J'entends parler, des voix d'hommes sur le quai, je me planque dans le foin, en priant de toutes mes forces. Que personne ne vienne, que personne ne vienne...

Le train repart, j'ai gagné.

Une journée entière de repos, et le paysage qui défile. Un rêve. Jusqu'au moment où le train, arrivé à la gare suivante, n'est pas reparti. J'ai attendu que les bêtes soient toutes descendues, que les cris des hommes s'éloignent, et j'ai sauté à terre.

Remettre un pied devant l'autre, chaparder dans les vergers, courir dès qu'un visage m'observe trop. Manger des œufs, le derrière dans un poulailler. Boire la nuit aux fontaines des villages, dormir dans des arbres, dans des granges, sous des charrues, et marcher encore et encore, jusqu'à ne plus sentir la souffrance.

Un jour j'aurai les chaussures les plus douces, et les plus belles. Elles marcheront toutes seules.

14

Un bateau pour l'Italie

J'ai mal aux yeux. Je les baigne longuement dans la première flaque d'eau que je rencontre. Le sol est rocailleux. Je marche longtemps sans apercevoir âme qui vive. Il y a peu de maisons, et elles sont souvent vides. Le dernier village que j'ai vu tout à l'heure était assez joli sous le soleil. Des maisons petites et basses serrées les unes contre les autres et toutes blanches. Les gens sont pauvres, mais j'ai eu de la chance : en regardant par une fenêtre j'ai vu de la viande sur une table. J'ai eu vite fait de m'emparer d'un os recouvert de bonne chair crue et rose, du mouton. Il y a beaucoup de moutons par ici. Il pèse et gonfle ma musette, mais j'en ai pour plusieurs jours. Pas question de manger sur place. Au soleil couchant je déniche dans la rocaille un abri formidable. Des loups y seraient à l'aise.

Depuis quelques jours, je m'offre des cachettes dans les rochers. L'inconvénient est que j'ai peur du vide, et souvent la grotte est trop petite pour me donner assez de recul. Celle-ci est vaste, je peux y tenir debout, marcher, contempler le paysage sans être obligée de m'approcher du vide. Le rocher surplombe un ravin superbe où je peux voir le soleil se coucher, très loin. La grotte est profonde, elle forme comme un toit haut et rond au-dessus de ma tête, et de chaque côté des remparts contre le vent. J'étale ma vieille toile cirée sur le sol de pierre, elle est bien usée, mais suffisante. J'entasse mes vêtements de surplus, une veste, une autre veste pour faire de l'épaisseur. Je m'assieds en tailleur, et j'étale le contenu de ma musette : la viande et mon couteau. Il fait doux et chaud, je suis au bord du monde, dans une sécurité absolue. Dans mon dos la roche, devant moi des arbres et des rochers à perte de vue. Rien ni personne ne peut me surprendre. Je vais rester ici tout le temps nécessaire à me remplir le ventre de cette bonne viande-là. L'os est rond, large, je mâche lentement, avec soin et, dès que je suis gavée, je dors. Puis je recommence. C'est si bon de ne pas être obligée de se goinfrer et de fuir, de prendre son temps dans un rayon de soleil, d'écouter le silence, de s'endormir en paix.

Jusqu'à présent j'ai eu souvent peur, la nuit, de tomber, de me casser quelque chose. Le jour, j'ai dérangé des serpents, des animaux invisibles. Une fois j'ai dormi dans un arbre : j'avais entendu grogner. J'avais eu raison de me cacher pour la nuit : c'était un ours. Il était gros et impressionnant, je me tenais coite, immobile, pour ne pas faire craquer de branche. Il ne m'a pas sentie, le vent soufflait contre moi. De mon perchoir, je l'ai observé se déplacer tranquillement et descendre le ravin entre les arbres gigantesques. Il est allé se promener ailleurs. J'ai réfléchi à ce que j'aurais dû faire si je l'avais rencontré à terre. Avant tout, ne pas courir. C'est la première des choses que j'ai comprise dans la nature. Se terrer, se plaquer au sol, ou faire face au danger. Mais ne pas courir. Un animal prend la course pour de la faiblesse et de la peur. Il se met lui aussi à courir après ce qui représente une proie. Que ce soit un chien de ferme, un renard ou un loup, dès qu'il voit courir il court derrière. Donc j'aurais dû me coucher par terre et ne plus bouger. Faire le mort. C'est ce que je faisais avec le loup mâle au début, ou chaque fois qu'il était agressif. Je lui montrais ma gorge, afin qu'il ait la certitude de me dominer. Ou je m'étendais à plat ventre, sans affronter son regard. En observant cet ours, je me suis dit qu'il aurait pu me déchiqueter tout de même.

Compte tenu des ours et des ravins, la prudence, dans ce pays, est de marcher de jour et de s'arrêter la nuit. De dormir soit en hauteur dans les arbres, soit dans une grotte comme celle que j'ai dénichée. C'est un endroit où je resterais bien vivre longtemps. Tout y est rassemblé : la sécurité parce qu'il domine l'environnement, l'abri contre le vent comme contre la pluie ou le soleil, une cascade qui dégringole à quelques enjambées de là. Et un magnifique morceau de viande dont il ne me reste que l'os au bout de quelques jours. Je le casse à coups de pierre, le ronge à coups de dents, une moelle rouge et tendre me nargue tout au fond, je suce, gratte, extirpe, jusqu'à ce que l'intérieur soit vide et blanc. Je peux même m'en servir pour récolter de l'eau et boire.

Je vais devoir m'en aller, quitter ce paradis de silence. Une dernière fois, une dernière nuit à venir, je contemple le soleil rouge qui se couche là-bas.

La cascade m'a menée à un cours d'eau qui a disparu mystérieusement dans la montagne. En suivant ma route vers l'ouest, j'en ai retrouvé un beaucoup plus petit, sortant tout aussi mystérieusement de la montagne. Il doit serpenter entre les arbres et aller jusqu'à ces maisons blanches que je vois de loin, minuscules et agglutinées dans une brume légère. Je n'ai pas vu autant de maisons ensemble depuis des jours. C'est un gros village[1] Il me paraissait relativement proche, mais j'ai mis plusieurs jours à l'atteindre.

Il fait chaud, le paysage a changé. Le cours d'eau s'est élargi, il est devenu rivière. Puis j'ai marché sur du plat, les montagnes et les rochers dans mon dos. Maintenant l'eau est saumâtre, je ne peux plus boire.

Un peu plus loin, c'est la mer. Le spectacle est bizarre. J'ai déjà vu la mer en Belgique, il y a très longtemps, un vague souvenir dans les bras de mon père ou de ma mère, mais celle-là ne lui ressemble pas. Le ciel est sillonné de grands oiseaux blancs, je marche sur une jetée couverte de moules, ça sent le poisson. Je m'assois, épuisée, sur le ciment.

Je m'offre un repas de moules crues que je décortique au couteau. Mon bonnet de fourrure est bien trop chaud, mes vêtements aussi, mais en ville je dois les porter sur moi, empilés. Et ce repas de moules est le premier depuis des jours.

Je suis si fatiguée que je dormirais bien sur place. Les

---

[1]. Dubrovnik. Je devais me trouver non loin de la côte, près de la Rijeka Dubrovacka.

escalades incessantes à travers ce pays, la difficulté quotidienne de devoir contourner des ravins, remonter des collines rocheuses et redescendre, m'ont complètement épuisée. Je n'ai pu chaparder qu'une trop maigre nourriture depuis mon festin d'os et de viande. Une vague fièvre, ou la chaleur trop forte, me fait grelotter parfois. Je voudrais m'asseoir et ne plus jamais marcher. Dormir.

Cette mer devant moi pose un problème. Si je veux continuer vers l'ouest, il me faudra monter sur un bateau. Après la Roumanie, je viens de traverser une partie de la Yougoslavie. Je me demande où vont ces bateaux. Et comment grimper sur l'un d'eux sans me faire voir. Pendant quelques jours, je traîne sur le quai et dors dans des hangars.

Il y a parfois un casier qui traîne, avec quelques déchets de poissons, rien d'autre à se mettre sous la dent. J'ai faim. Les pêcheurs se servent d'une pompe dont l'eau n'est pas très fraîche, mais en suffisance. L'un d'eux m'a regardée de travers. Je dois faire peur à voir.

L'observation quotidienne des bateaux m'apprend qu'il n'y a pas que les pêcheurs qui partent le matin. Certains bateaux à moteur s'en vont à la nuit, avec des gens et des valises.

Un soir, assise sur le quai, les jambes au-dessus de l'eau, je regarde arriver l'un de ces bateaux à moteur. Je dois prendre une décision. Ou chercher à manger quelque part, ou monter sur un bateau. Je n'ai rien mangé depuis deux ou trois jours et j'en ai marre. Cette mer est une barrière infranchissable. Je voudrais que quelqu'un s'arrête, me fasse entrer dans une maison, me donne de l'eau pour m'y baigner, me câline, me berce, me donne à manger, et que je m'endorme. Que tout s'arrête. J'en ai assez de ces longs chemins, assez de marcher. J'ai envie d'abandonner.

Même plus le courage d'aller chaparder quelque chose. De bouger. L'impression que je vais m'endormir et ne plus me réveiller. Il n'y a que ma carcasse, maigre, qui tient assise là sur ce quai ; à l'intérieur, tout est rétréci, léger. Je suis un os vide.

Le bateau est à quai, des gens parlent à quelques mètres de moi. Un couple de vieux. Je ne comprends pas ce qu'ils se disent. Je regarde leur valise noire, avec des coins bordés de clous dorés. Elle a attiré mon regard. Ces gens s'en vont, ils vont monter sur ce bateau. Mais même la valise ne m'intéresse pas. Je n'y trouverai rien à manger. Et de toute façon je n'ai pas la force de courir.

Le capitaine du bateau est descendu sur le quai, il parle maintenant avec un couple. Il faut que je me décide. Il faut que je trouve à manger, ou alors un moyen de monter là-dessus. Mais je crois que je m'endors.

Soudain je vois arriver une femme. Lumineuse, avec des cheveux très blonds, un joli visage. Quelqu'un de vivant, qui marche vite sur des chaussures plates, un beau foulard sur les épaules. Elle a l'air sûre d'elle avec sa valise, elle rejoint le couple de vieux sur le quai. D'autres sont venus grossir la file pendant que je sommeillais. Ces gens sont en train de payer leur passage avec de l'argent. Elle attend qu'ils aient fini, et discute elle aussi avec le capitaine. Elle sort de son sac un petit paquet, l'ouvre et montre son contenu au capitaine. Je vois briller des choses, des bijoux. Elle fait un marché sans argent, je ne vois pas de billets, et l'autre a l'air décidé à accepter. Pour moi, c'est sans espoir. Ce bateau n'a qu'une issue pour monter à bord, une échelle courte et étroite. Le capitaine n'en bouge pas, les gens attendent sur le quai, impossible de passer. Il faut que je trouve à manger, je vais tomber d'épuisement.

Est-ce que j'ai regardé cette femme trop intensément ? Est-ce que je lui ai fait pitié ? Est-ce qu'elle avait besoin de moi pour faire croire qu'elle voyageait avec un enfant ? La voilà qui s'approche, se penche vers moi et me parle. Comprends pas. Elle insiste, elle me propose d'aller avec elle sur ce bateau. J'entends le mot Italie... La carte de grand-père me saute aux yeux. L'Italie, la botte, c'est ça qui est de l'autre côté de la mer. La femme me prend par la main, essaie de me faire parler en deux ou trois langues, sans y réussir. Elle parle même le français avec un accent très drôle, musical, comme si elle chantait.

— Tu comprrrends le frrrançais ?

Oui, je comprends, mais je ne répondrai pas. Pourtant j'ai confiance. L'instinct me dit que cette femme si belle ne peut pas me vouloir du mal. Sinon, pourquoi s'intéresser au tas de guenilles que je représente ? Elle a dû négocier mon passage avec le capitaine, puisqu'il ne dit rien [1].

Je me retrouve sur le pont avec elle. On nous fait descendre à l'intérieur du bateau, les vitres sont sales, je ne vois plus que le quai. Elle me donne à manger, du pain avec quelque chose à l'intérieur. Je mange par petites bouchées. Je crois bien que je viens de faire les derniers pas dont j'étais capable et d'avaler les seules bouchées que mon estomac rétréci pouvait supporter.

Le bateau a dû partir. J'ai vu la côte, il me semble, puis plus rien. Au réveil, je me sens mieux. Et la femme me sourit :

— Je sais que tu parrrles ! Tu as parrrlé en dorrrmant ! Comment t'appelles-tu ? Moi, je m'appelle Liane...

Silence. Je mange encore un peu du pain qu'elle me tend, méfiante tout à coup. La veille, j'étais sans forces, j'avais besoin de récupérer, comme cela m'est arrivé si souvent. Manger, dormir, pour pouvoir repartir. Cette nuit, j'ai montré ma faiblesse. Je ne savais pas qu'on parlait en dormant. Cette femme est le premier être humain que j'approche d'aussi près depuis Misha et sa bande.

Je me tais toute la journée, jusqu'au soir où nous devons arriver dans un port qu'elle appelle «Comacchio». Nous débarquons sous le clair de lune, dans l'obscurité relative. Liane me tient par la main et veut m'entraîner encore avec elle. Je retire ma main, secoue la tête pour dire non. Elle insiste encore un peu, puis hausse les épaules et s'éloigne sur le quai.

Me voilà donc en Italie, je ne sais pas où exactement sur la botte. Mais la direction que je dois prendre à partir de là, en fonction de la carte de grand-père, change : le nord.

Ici, pas de soleil. Il pleut beaucoup, parfois des averses violentes, parfois une petite eau fine qui pénètre partout. Je marche souvent dans la boue, je dors sous des arbres noirs, brûlés ; je traverse des villages, certains sont complètement abandonnés,

---

1. J'ai revu cette femme des années plus tard. En fait, je lui ai servi à attendrir ce capitaine à qui elle a raconté une histoire, à mon sujet, pour qu'il accepte ses bijoux en paiement, car elle n'avait pas d'argent.

aux maisons détruites par des bombardements. D'autres habités de pauvres gens, de beaucoup d'enfants qui mendient dans les rues. Ils sont aussi mal vêtus que moi, marchent pieds nus et tendent la main en pleurant. Je me mets à les imiter pour obtenir à manger, mais sans succès.

La campagne est plus généreuse, des fermes, des granges et des champs de blé. Lorsqu'il ne pleut pas, le temps est doux, et je marche sur du plat, suivant le plus possible les cours d'eau. Je peux me baigner plus souvent, me décrasser un peu les pieds. Au début, j'ai vu passer quelques voitures militaires avec des Allemands, mais je n'en vois plus depuis quelques semaines.

Et puis un jour, dans un village, de nouveaux uniformes. De nouveaux soldats. Et les gens leur parlent et leur sourient, ils ont l'air contents ; je vois des gamins pousser une voiture pour la sortir de la boue, et les soldats qui leur serrent la main.

Plus un seul Allemand sur les routes. Je rencontre parfois des carrioles de paysans qui me font signe de grimper à l'arrière, pour un bout de chemin. Tant qu'il y a un cheval, j'accepte. Si c'est une voiture, je refuse. Les gens me parlent facilement, mais, outre le fait que je ne comprends pas la langue, je préfère encore rester muette. Le silence m'a protégée jusqu'ici, et je ne suis toujours pas chez moi. La Belgique est loin. J'ai hâte de rentrer, de retourner à la ferme, de voir le grand-père et de lui dire : « Tu sais où sont mes parents, maintenant ? »

À présent je marche sans peur, j'espère que ces soldats ont écrasé les boches, qu'ils ont brûlé toutes leurs villes, cassé toutes leurs machines et leurs fusils. Au coin d'une rue, j'en vois trois qui discutent dans une langue totalement inconnue. Ce n'est pas de l'italien, en tout cas. Et ils sont très différents des Russes. Ils ont l'air de s'amuser. Je me demande d'où ils viennent. L'un d'eux me fait signe de la main : « Approche, approche... » Au bout d'un conciliabule compliqué, auquel je ne participe pas, j'entends le mot « américain ».

Ça, c'était un mot de grand-père. Lorsqu'il parlait de la guerre, il parlait des Russes et des Américains. Mais les Américains ne faisaient pas la guerre, puisque grand-père disait : « Les Américains ne font rien... ils devraient nous aider à chasser les Allemands. » C'est donc ce qu'ils sont venus faire ici : chasser les Allemands. Ils me plaisent bien, ces grands bonshommes souriants.

Celui qui m'a fait signe m'emmène vers une sorte de garage où il y a des bancs et des tabourets, une table, des gosses qui mangent. Il va me donner quelque chose à manger. Il s'assoit, prend une boîte, commence à l'ouvrir avec un couteau spécial. Je le regarde faire, intriguée. Une boîte, c'est nouveau, jamais vu de boîte. J'ai vu des bocaux de nourriture, j'en ai volé, je pouvais les ouvrir ou les casser, mais pas les boîtes, je ne savais pas qu'il y avait de la nourriture dedans. Le gaillard en sort de la viande et pousse le tout vers moi. Je regarde cette chose avec méfiance. Est-ce que je peux manger ça ?

Il essaie de me faire comprendre quelque chose : « Monkemitte[1] ». Comme j'hésite encore à mordre là-dedans, il insiste avec son « Monkemitte » et tape dans ses mains pour faire bravo quand je l'avale enfin. Ça n'a pas beaucoup de goût, cette viande, c'est mou sous la dent, ça ne se mâche même pas. Mais j'avale, bien contente de remplir mon estomac.

Après quoi le soldat me prend sur ses genoux, me donne une petite tablette de chocolat. Puis il me repose par terre et dit au revoir de la main. « Baille baille »... Il passe à un autre gosse. Il y en a des dizaines, agglutinés autour de ce hangar. Et il a l'air si content de leur donner à manger.

De village en village, j'apprends à mendier comme les autres enfants, à voler ce qui traîne à l'étalage, une autre façon de survivre et de se nourrir. La viande est rare, les fruits se trouvent plus facilement. Il y a des jardins à nouveau, des tomates et du raisin. J'ai trouvé des sandales avec une lanière de cuir sur le dessus, qui font du bruit quand je marche et que je préfère enlever pour courir. Je passe moins inaperçue qu'avant, j'ai grandi, pas beaucoup mais suffisamment pour que les passants me surveillent. Je suis maigre, osseuse, sale et vêtue d'un pantalon qui ferait deux fois le tour de ma taille. J'ai encore deux

---

1. *Monkey meat.* Autrement dit « viande de singe ». J'ai mis beaucoup d'années à comprendre.

couteaux dans les poches d'une veste trop grande, et ma boussole dans ma musette. Je marche de longs jours sans manger, avant de tomber sur une occasion. Le pain est rare, et toujours difficile à voler. Les gens se méfient devant les boutiques où les gosses comme moi ont l'air trop affamés.

L'automne est finissant lorsque je me retrouve en France, quelque part, sans l'avoir réalisé avant d'entendre pour la première fois parler français.

15

Où vas-tu, petite ?

— Hé, petite ? Où tu vas comme ça ? Grimpe !
Pour la première fois depuis des années, j'ai répondu oui à quelqu'un.
L'hiver 1944 est là. J'ai hâte d'arriver moi aussi. J'accepte de monter sur les charrettes des paysans, j'ai volé une bicyclette et fait beaucoup de chemin avec avant qu'elle casse. La bicyclette, ça ne s'oublie pas, j'en avais déjà fait chez grand-père, mais celle que j'ai volée était un peu haute, et j'ai pris quelques gadins. Je parle aux gens, enfin, je leur réponds : « Oui, non, merci monsieur, ou madame. »
— Où vas-tu comme ça, petite ?
— Chez mes parents !
— Ils sont où, tes parents ?
— Dans le nord, monsieur !
Souvent je ne retrouve plus les mots. Ils sont dans ma tête, mais je n'arrive plus à les dire, comme si ma bouche avait oublié. Mais je me parle toute seule, en silence, je n'arrête pas : C'est fini, la guerre. Grand-père va me dire s'il y a des nouvelles de mes parents ; il saura, et moi je saurai aussi. Alors il m'emmènera là où ils habitent. Ils seront tellement heureux que j'aie réussi à revenir. Marthe va m'arranger, elle me fera des habits, je serai bien pour retrouver ma maman. Je ne veux pas qu'elle me voie comme ça. Marthe va me couper les cheveux, ou me faire des nattes. Elle me donnera un bon bain, et j'aurai des chaussures.

Plus j'avance, plus le pays est délabré. Il n'y a rien à manger, les magasins sont presque vides. Le courage de voler dans les maisons m'a quittée. J'ai beaucoup plus peur de me faire prendre que lorsque je me faufilais dans une ferme allemande ou polonaise. C'est bizarre. J'ai peur qu'on me voie. Peut-être à cause de ma taille qui a changé. Au départ, j'étais si petite, on ne se méfiait pas, et je pouvais me glisser à peu près partout. Maintenant je me sens « visible ». Il me reste les marchés. Le vol à l'étalage. Mais, même sur les marchés, on ne trouve pas grand-chose. Je rêve de soupe, de pommes de terre, de lard, de fromage, de viande.

Il se passe quelque chose de trouble en moi. Je suis fière de ma vie sauvage, de tout ce que j'ai fait seule. Fière de m'être débrouillée en toutes circonstances. Je me sens très différente des autres. Ils ne savent pas ce que je suis, ce que j'ai fait, ce dont je suis capable encore. Mais en même temps il m'arrive de plus en plus souvent de me coller contre un mur et de regarder une maison. Des maisons. La lumière à l'intérieur, la chaleur, la nourriture sur la table. Des gens qui s'aiment. C'est insupportable, parfois. Je marche dans la rue, et ces maisons défilent, je passe, et tout le monde s'en fiche, là-dedans ! Je mendie aux portes des églises, sur les marchés, on m'ignore, ou on a peur de moi. Je suis une « sale gitane »...

Je suis fatiguée de marcher en savates et d'avoir faim et froid. La fatigue m'a prise quelque part en été, en Yougoslavie. Ne plus se cacher, ne plus marcher, s'asseoir, dormir, être dorlotée. Me cacher ici en France, ce n'est plus nécessaire. Je peux même demander mon chemin et aller plus vite. Mais manger, avoir chaud... ce n'est toujours pas permis. En même temps, je sais bien que je ne pourrais pas vivre dans une maison avec des humains. Ce serait me retrouver prisonnière. Une fois rassasiée, je n'aurais qu'une envie : détaler. J'ai aussi terriblement besoin des animaux. Cette longue période de mon existence avec les loups m'a profondément marquée. Je ne peux pas m'empêcher de caresser un chien au passage, même s'il est attaché et hargneux. Ce n'est pas sa faute s'il me montre les dents, il est malheureux parce qu'il n'est pas libre. Caresser le museau d'une vache, d'un cheval, croiser un chat sur le rebord d'une fenêtre et lui parler. J'ai l'âme d'un animal en moi et le corps d'un humain. Et j'ai envie des deux.

Un jour, je ne sais plus où je suis. Je m'attendais à trouver d'autres collines en arrivant au sommet de celle-ci, mais ce sont des montagnes. Il est trop tard pour retourner en arrière et chercher une autre route. Je grimpe en espérant trouver là-haut un chemin vers la vallée. Mais plus je grimpe, plus le brouillard m'enveloppe. Il devient bientôt si épais que je n'y vois plus rien et me cogne presque dans les arbres.

Tout à coup, un grand mur de pierre en face de moi. Puis une sorte de château, et des grilles. Des silhouettes blanches s'activent dans le brouillard. Elles se penchent et se relèvent. Je m'approche, ce sont des femmes en robes longues, avec de grands chapeaux de toile blanche sur la tête. Des bonnes sœurs. Elles travaillent dans un potager. Il y a de la nourriture par ici !

Je cherche l'entrée. En faisant le tour du mur et des grilles, je tombe sur une immense porte de bois avec une poignée de fer énorme. Je cogne. Lorsque j'étais à Bruxelles, « Elle » m'a entraînée une ou deux fois à la messe, j'ai vu les bonnes sœurs, on disait d'elles : « Ce sont de braves femmes. » Celles-là vont peut-être m'aider ? Je suis transie de froid et n'ai rien mangé depuis plus de deux jours. Je cogne et recogne. Finalement, une petite porte s'ouvre dans la grande, et le visage d'une bonne sœur apparaît :

— Que viens-tu faire ici, mon enfant ?
— J'ai faim. À manger, s'il vous plaît. À manger.

Elle n'hésite pas et me fait entrer. C'était donc si simple que ça ? Je la suis dans un couloir immense, très long, jusqu'à une grande pièce que nous traversons. Le toit est vitré, il y a des matelas par terre. Je m'assieds sur l'un d'eux et attends, comme on me l'a dit.

La bonne sœur revient avec un bol de lait et une tranche de pain. Le bol est tiède, je l'entoure de mes mains gelées et commence à mastiquer et à boire très lentement, en me disant : « Ne compte pas que tu vas me mettre dehors après ça, toi, il faut que tu me gardes ici, je suis fatiguée... » Mais la bonne sœur ne dit rien, elle me laisse manger et s'en va. Mon repas fini, je m'allonge sur le matelas et m'endors comme une masse.

Au réveil, j'apprends que la guerre n'est pas finie, elle se poursuit dans le nord et à l'est.

La guerre n'est pas finie. Il y a encore de sales boches quelque part. Des types avec des revolvers, des bottes, des casquettes et des médailles clinquantes sur la poitrine. Des assassins, des violeurs.

J'ai classé la guerre dans ma tête, et les hommes qui la font, d'une manière assez fruste, mais logique. Le boche est un assassin et un violeur. Le Russe est un fier combattant courageux. L'Américain est un grand Bibi Fricotin qui est venu nous aider, comme le voulait grand-père.

La haine du «boche» n'est pas près de s'éteindre dans ma tête. Je le revois trop souvent dans mes cauchemars, ce type abominable, au sexe sanglant, qui crache sur la jeune fille et lui tire dans la tête. Chaque fois un grand frisson me prend, l'envie violente de tuer, comme une fièvre. C'est plus fort que moi.

J'ai compris très vite que j'étais en Belgique. Les frontières, pour moi, ce sont des couleurs sur une carte et des uniformes. Si j'avais vu des uniformes, j'aurais reculé pour passer ailleurs; là, je n'ai rien vu, je suis passée dans les bois, comme les lapins ou les écureuils. J'en ai vu des frontières avec des uniformes, je n'y suis jamais passée, je ne suis pas un humain, moi, je ne passe pas la frontière des hommes. Et au premier village, j'ai su, à entendre parler les gens.

— C'est toi?

— Oué!

«Oué»... Je l'ai entendu tout le temps quand j'étais gamine. Au fur et à mesure que j'entends dire «Oué», je suis sûre d'être revenue.

Les hommes n'ont pas de béret sur la tête, les maisons sont déjà différentes. Ensuite, je vois la pancarte «Givet». Dans ma tête, Givet est en bas, Bruxelles au-dessus. Il faut que je monte encore. La Belgique, je connais par cœur, grand-père me l'a montrée dans tous les sens. J'arrive. C'est moi. Je suis partie toute seule, je reviens toute seule, avec une fierté extraordinaire, comme si j'avais gagné la guerre. Le sentiment de faire une entrée triomphale.

Quand j'ai vu le panneau de Bruxelles, j'ai eu envie de danser sur place.

Mais j'étais incapable de retrouver la direction de l'endroit où vivaient mes parents. Le tram, oui, il me disait bien quelque chose, mais dans quel sens ? Quelle rue ? Il y a des tas de rues qui se ressemblent, et je n'ai jamais su le nom de la rue. Si je demande à quelqu'un, il ne pourra rien me répondre. J'imagine la question : « Comment s'appellent tes parents ? » Je ne sais pas. Gerushah et Reuven. Mais comment ? Je ne sais pas. Je n'ai jamais su. Je ne me rappelle que le nom qu'on m'a donné de force, et qui n'est pas le mien. Je ne veux pas retourner là-bas. Pourquoi j'irais ? Pour qu'elle me traite de voleuse, de béotienne, qu'elle me refuse à manger, ou qu'elle me donne aux Allemands ? Je la déteste, et la guerre n'est pas finie. Je l'ai entendu dire partout où je suis passée. Il y a encore des Allemands, loin dans le nord et à l'est.

Je repasse le pont, il est toujours démoli. J'arrive dans le quartier près de chez « Elle ». Je n'irai pas, je lui tourne le dos. Je suis la rue qui va vers l'église, retrouve le chemin qui mène à la ferme. Je me souviens. Là, c'est facile, j'ai gardé toutes les images en tête. Mais tout à coup je ne vois plus les arbres qui me servaient de points de repère, et j'ai une hésitation. Est-ce que je me suis trompée ? Normalement je dois tomber sur le petit ruisseau, il est là. Maintenant, il doit y avoir une barrière, et des moutons.

La barrière est là, mais il n'y a plus de moutons. Après la barrière, je dois voir la grange. Pas de grange. Je me retourne, cherche, tourne en rond pour savoir où je me suis trompée, mais je n'ai pas pu me tromper ! J'ai la gorge serrée, je retourne en arrière, reprends le petit chemin, et le refais pas à pas, lentement. C'est bien vrai, il n'y a plus rien, c'est parti.

Je tombe à genoux par terre en pleurant désespérément. Comment retrouver quelque chose maintenant ? Tout a disparu !

La ferme n'existe plus! C'était le seul lien avec mes parents. C'est fichu. Je me voyais arriver et tomber dans les bras de Marthe, courir après grand-père pour lui raconter, raconter... et manger, et retrouver les chiens et le coq, et le cochon... et partir avec grand-père, retrouver maman, papa.

J'ai pleuré longtemps comme ça, j'ai donné des coups de pied dans les pierres, j'ai jeté des pierres au ciel, en l'insultant. Plus rien!

Alors il faut manger. Repartir pour trouver à manger, toujours la même histoire. Il faut que j'aille dans le centre du village voir si je peux chaparder quelque chose. Tout est démoli, triste, pauvre. Le pays est cassé comme un vieux jouet. On a marché dessus et on l'a cassé.

J'ai volé et pris mes jambes à mon cou pour une vieille pomme dans ma musette. J'ai dormi dans un parc. Et puis, à force de rôder dans le coin, j'ai su que le marché se tenait le mardi. Mardi... il fallait se repérer.

— C'est quand le marché, monsieur?
— C'était hier, aujourd'hui, on est mercredi...

Donc le mercredi suit le mardi... Le dimanche, c'est la messe; à partir de là, fais ton apprentissage, Mischke. Et tu sauras quel jour tu peux manger et faire des provisions. Et attention aux policiers en uniforme qui surveillent, et attention au gardien du parc sur le plateau : s'il te repère, il va te chasser. Il pleut, il fait gris, on dit que le printemps arrive, mais je déteste le printemps, c'est définitif. Qu'est-ce que ça veut dire, le printemps? Des navets à l'étalage. Des carottes en bouquet. C'est difficile de piquer une carotte toute seule, ils les attachent. Les pommes de terre, c'est plus simple, elles sont dans un cageot souvent posé à même le sol. Une, deux, trois patates... et cours, file! Et puis reviens et recommence, il t'en faut jusqu'au mardi suivant.

— Qu'est-ce que t'a pris? Donne-le moi!

Un grand garçon qui me dépasse de deux têtes, tignasse blonde.

— Allez, donne!

Je m'éloigne, il me rattrape.

— Qu'est-ce que tu fous dans le coin ? T'es toute seule ?
— Ouais. Et ça, c'est à moi...
— Tu l'as piqué !
— Ouais... c'est pas tes affaires. C'est à moi...
— Tu veux que je te montre un truc ?
— Quoi ?
— Une maison. On a une maison, ça t'intéresse ?
Une maison. Le mot magique.
— J'ai vu quand t'as piqué les trucs, on connaît ça. On est toute une bande, on fait ça en commun et on partage, ça marche mieux, c'est plus malin !
— T'as une maison, toi ?
— Et comment ! Tu veux voir ?
Si je veux voir... Il me fait traverser le parc, l'endroit qu'on appelle le Plateau, où je dors la plupart du temps. Plus loin encore que ce parc, il y a leur maison. Elle est en hauteur, construite en pierres blanches, au bout d'un chemin de terre, et entourée de broussailles très hautes, sauvages. Elle domine le parc.

Le garçon en est fier. La bande l'a découverte abandonnée, vide, et s'y est installée sans demander d'autorisation à personne. Tous les volets sont fermés, mais on y accède par une fenêtre aux vitres cassées.

La pièce où le garçon me fait entrer ainsi est plongée dans l'obscurité. Pas de lumière. Elle est vide à part des oreillers et des couvertures sur le sol. Des araignées partout. Une vieille glacière dans un coin, d'un blanc sale. Le garçon l'ouvre par le dessus et me montre les provisions. Des légumes, des patates, du pain, du lait dans une bouteille.

— On met tout là et on partage.

Je vide ma musette, qui n'est guère remplie. L'époque n'est pas à l'abondance, et le marché non plus. Mais en s'y mettant à plusieurs, il a raison, c'est plus malin. Ils volent tout ce dont ils ont besoin, c'est-à-dire l'essentiel. Les oreillers et les couvertures, on en trouve sur le marché comme la nourriture. Il y a des bougies, et des cigarettes, des bouteilles de bière aussi.

Le garçon s'appelle Sigui, il dit avoir dix-sept ans. Et moi, quel âge j'ai ? Je hausse les epaules. Il n'insiste pas. Ça n'a pas d'importance, un âge, dans la misère. Il va me présenter « la bande ».

Elle se réunit sur le plateau, son quartier général. De là-haut, il est facile de déguerpir en vitesse et de se réfugier dans le bois, si la police arrive. L'endroit idéal. Sigui m'explique qu'il faut faire attention aux flics. Les gens, les voisins n'aiment pas cette bande de gamins sans père ni mère, sans foi ni loi, qui ont « squatté ». Ils sont prêts à les dénoncer. La planque que représente cette maison est précieuse.

— Personne ne sait plus où se loger, et y'a rien à bouffer. Nous, on se débrouille. Mais si les flics te prennent ils te foutent en prison, ou à l'école. On est libres, nous.

C'est la maison qui m'attire irrésistiblement. L'envie de m'arrêter de courir, et de dormir ailleurs que par terre. Un refuge. Dans les rues, il n'y a pas de refuge, pas d'arbres, pas de loups pour me défendre. On me traite de tous les noms :

— Tu t'es lavée avec les cochons ?
— T'as perdu ta langue ?
— Fous le camp, vermine !

Je fais peur aux gens. J'ai bien essayé de m'arranger un peu, d'enlever la crasse, mais sans rivière, sans flaque d'eau, c'est difficile. On ne se lave pas dans les caniveaux, ici.

Je fais partie de la bande en moins d'une heure. Des adolescents, dont Sigui est le chef. Il y a le « Canadien », il est pourtant belge, mais c'est son surnom. Visage carré, cheveux raides et bruns, il est costaud. Il y a Félix le Gorille, qui rigole tout le temps. Et il y a Mouton. Drôle de nom. Il est maigre, avec une peau très pâle, presque transparente, et des cheveux très noirs et tout frisés. Le Canadien est son copain, il le protège, parce que ce pauvre « Mouton » n'a plus sa tête. On ne raconte pas beaucoup sa vie, dans une bande, uniquement les choses essentielles, et en peu de mots. Le Canadien me dit :

— Il était dans un camp, c'est les Russes qui l'ont libéré, mais les nazis ont assassiné ses parents ; il a vu ça, et ça l'a rendu dingue.

Mouton est triste. Sa compagnie m'attire immédiatement. Il ne parle presque pas, je connais ça.

Du côté des filles, il y a Margot, de longs cheveux noirs et une grosse poitrine. Les gars disent qu'elle flirte avec un fermier, elle rapporte beaucoup de choses à manger. Une autre fille plus effacée, dont le nom m'échappe. Ma vie s'organise avec eux.

D'abord dormir dans une maison, un rêve. Avoir une tanière où revenir, planquer sa nourriture et les trésors qu'on a trouvés. On chaparde chacun de son côté pour partager. J'ai retrouvé une meute, en somme. Je ne comprends pas toujours leurs comportements, celui des filles surtout. C'est que je ne sais plus, moi, si je suis une fille. Et je m'en fiche d'être une fille.

Le pantalon trop grand, le tricot trop petit. Sigui m'a trouvé un pantalon d'homme en coton dont je dois retourner trois fois les bords. Je l'attache avec une ficelle, les autres aussi font cela.

La chose introuvable, c'est toujours les chaussures. C'est difficile de voler des chaussures, en ville. Entrer dans une boutique, avec la dégaine du Canadien ou la mienne ? On ne peut que voler à l'étalage, et courir. Il faut guigner dans les cours des maisons, repérer la paire de galoches que le type abandonne sur les marches pour rentrer chez lui. Ou fouiner sur le marché, mais les gens nous surveillent. « Vermine ! » « Romanichel ! »

Alors on fait du troc. Une paire de godillots contre une paire de chaussettes. Une bouteille de bière contre des galoches. J'ai un petit trésor accroché autour du cou, un petit bonhomme vert, un « bouddha » avec une chaîne.

Nous vivons aussi bien que possible pour des gosses qui n'ont plus rien au monde. Pour moi, en tout cas, c'est la sécurité, et la liberté en même temps.

Et j'apprends. J'apprends qu'il ne faut pas se fier au sourire du copain, aux mots qu'il débite. Les mots, ça dit des choses que ne pense pas celui qui les dit.

Le copain veut me sauter dessus, mais il ne sait pas à qui il a affaire. Moi, on ne me viole pas. Je me défends comme un garçon, avec la même force, les mêmes coups de poings et de pieds. Je sais cogner et tenir un couteau. Je sais mordre, surtout.

Et j'aime mordre. Mes dents sont ma meilleure défense en combat rapproché. Elles savent tout faire, mes dents : arracher de la viande, croquer des os, déchiqueter. Avec les petits loups je mordais comme ils mordaient. Parfois, c'est même un besoin irrésistible, de mordre dans quelque chose de résistant. C'est une défense tout aussi irrésistible. J'ai une mâchoire qui ne lâche pas sa prise. Et les autres ne savent pas mordre comme moi.

Alors le copain recule, tombe par terre. J'irai avec toi si je veux ! C'est moi qui décide. L'amour, connais pas. J'ai pas eu d'amour. Je ne connais que le viol. Et l'amour des humains, je n'y crois pas. Je suis un garçon avec des idées de fille, parfois, mais je ne serai fille que le jour où je l'aurai décidé. L'attaquant a compris, il me fiche la paix, et en trouve une autre.

Moi, je préfère la compagnie de Mouton, et son silence. On s'assoit sur le muret qui entoure la maison, les pieds dans le vide, on se tient par la main et on se tait. On s'aime bien en silence. Peut-être à cause du malheur dont nous ne parlons pas. Lui, il sait, il a vu mourir ses parents, il a gardé ça dans sa tête, on le voit dans son regard. Moi, je ne sais rien, et c'est un peu la même chose. Mais je ne les vois pas morts. Les Russes ont sauvé des gens, les Américains aussi, tout le monde le dit en ville. Moi, je vois les Russes sauver ma mère. Je l'imagine quelque part, pensant à moi. Elle ne peut pas me rejoindre, c'est tout.

La bande ne se raconte rien, il n'y a que le présent qui compte Jour après jour. Et le soir, sur les matelas, on discute de ce que celui-là a trouvé, de ce que celle-là a rapporté. Ce que j'ai vécu pendant quatre ans, c'est mon affaire, ça ne regarde personne. Il ne me vient même pas à l'idée d'en parler. Les gamins jouent à lancer des couteaux, je sais le faire aussi. Ils ne demandent pas «comment» je sais. Chacun sa vie.

Dommage, j'ai perdu la baïonnette russe que j'avais ramassée, je l'aimais bien. Mais j'ai toujours un couteau. On ne peut pas vivre sans couteau.

On sait que les Russes ont chassé les Allemands à l'est. Que les Américains les chassent ailleurs. Que la Belgique sera bientôt libérée complètement. On se bat encore dans les Ardennes, mais ça ne va pas tarder.

Ce jour-là, Sigui et moi nous baladons dans la ville au milieu des cris de joie. Il y a des drapeaux partout, les cloches carillonnent, les gens s'embrassent, la guerre est finie. Qu'est-ce que ça change pour nous ? Sigui pense que ça change tout, mais pas moi.

D'ailleurs, ça ne change pas grand-chose sur le marché, la nourriture ne pousse pas plus qu'avant sur les étals. On fait de la musique sur une vieille machine à disque que quelqu'un a trouvée. Ça chante en américain, et les garçons dansent avec les filles. Je suis bien avec eux. Le temps passe, que je ne sais toujours pas compter, et qui n'a toujours pas d'importance.

On se moque de moi quand j'essaie parfois d'expliquer quelque chose, parce que je bégaie en cherchant mes mots. Je ne sais bien parler qu'en silence, à l'intérieur de moi.

Un désastre survient. Un soir, en rentrant dans la maison avec mes trouvailles de la journée, je ne trouve personne dans la pièce. Je ressors aussitôt pour rejoindre la bande sur le plateau, mais sur le chemin j'aperçois Sigui qui arrive en courant :

— Ne rentre pas dans la maison ! Ne rentre pas !

Les flics ? Je n'ai pas le temps de lui expliquer que j'y suis déjà rentrée et que je n'ai rien vu. Il y va tout seul en me criant d'attendre là. Au bout d'un moment il ressort par la fenêtre, son visage a changé, quelque chose de terrible s'est passé. Il a du mal à le dire.

— Mouton s'est pendu.

Mouton s'est pendu... L'information met du temps à me parvenir. Pendu. Il a voulu mourir, et il est mort. J'ai vu tant de morts qui n'avaient pas voulu mourir. Je veux aller voir mon copain.

— Non, reste là. C'est pas la peine.

La tristesse de ce gamin sans parents me tombe sur les épaules comme si c'était la mienne. Mouton n'a pas supporté d'être aussi triste. Ça ne tournait pas rond dans sa tête, mais ça ne pouvait pas tourner rond. Le Canadien et les autres, en découvrant le corps, n'ont pas su quoi faire. Quoi faire?... Il fallait bien prévenir les flics.

Avec la mort du petit Mouton si fragile, si transparent, notre système d'existence va s'effondrer de lui-même. Nous vivions là depuis de longues semaines, en communauté, à l'abri, à la fois dans la société des hommes et en dehors. Nous avions un toit sur la tête, à manger, de l'amitié et des bagarres. Tout allait bien pour nous, sans autre autorité que celle de Sigui. La voiture noire qui arrive, sirène hurlante, va décider de notre sort à tous : Sigui, le Canadien, Félix le Gorille, les filles...

Je reste là avec ma musette, ma boussole et mon couteau dans la poche.

Fuir? Où ça?

16

Prison

La mort ressemble à quelqu'un. Je l'ai vue souvent le long de ma route, quand je ne savais plus où aller. Je m'asseyais par terre, perdue, affamée, et elle se mettait là devant moi, pour me faire peur. C'est une longue femme toute maigre. Maigre parce que la mort ne mange pas. Et je lui disais :
— Va-t'en! Fous le camp! Si tu crois que tu vas m'avoir! Tu crois que je suis fatiguée? C'est pas vrai!

La mort a maintenant le visage de petit Mouton. Nous l'aimions tous, surtout le Canadien qui en avait fait son frère. La maison blanche qui nous servait de foyer, de famille, de protection, nous l'a pris. Elle l'a gardé avec elle. Il a fait ça en silence, comme toujours. Il est parti avec la mort, parce qu'il était fatigué. J'en ai assez de la mort.

Les flics nous ont emmenés, séparés. Il y a un homme devant moi qui pose des questions. Il veut savoir d'où je viens, qui je suis, pourquoi je n'ai pas de parents, mon âge, qu'est-ce que je faisais là avec cette bande de va-nu-pieds. Où tu es née? En Belgique. Quand? Je sais pas. Ton nom?

Le nom, j'ai besoin d'un nom. Mischke, ce n'est pas un nom pour ce commissaire. Alors je raconte le grand-père, Marthe, la ferme. Et « Elle » aussi. Chez « Elle », on m'appelait Monique Valle, on voulait que je sois sa fille. Alors je suis partie.

Il comprend peut-être mal, ce policier, et je ne dis pas tout ce que j'ai sur le cœur. C'est trop difficile, je n'ai pas assez de mots. Si je pouvais je dirais : « Pourquoi je suis partie, pourquoi je n'y suis pas retournée ? Moi, je sais, maintenant. Je lui aurais tapé dessus, parce que j'ai compris des choses. Qu'est-ce qu'elle a fait de l'argent dans l'enveloppe ? C'était l'argent de mes parents, j'en suis sûre. Au début, quand j'ai vu cet argent passer des mains de la femme en noir à celles de l'autre, je me suis dit : « Elle me vend comme une motte de beurre ! » Et puis j'ai compris que cet argent était en relation avec moi, qu'il venait de mes parents, et que cette femme-là me volait. Un sentiment d'injustice terrible. Pourquoi elle n'a pas dit : « C'est à toi. » Pourquoi elle m'a traitée comme une servante ? Il était à moi, cet argent. Je pensais que je pouvais me débrouiller avec. Et chaque fois que je voulais demander où étaient ma mère et mon père, elle répondait :

« Tais-toi, ne parle pas de ça. On n'en parle plus, compris ? C'est fini, je veux plus entendre un mot là-dessus ! Et tu t'appelles comme ça ! C'est comme ça ! »

« Elle » m'a dépouillée. J'aurais dû lui dire :

« Mon nom, il vaut bien le vôtre ! Pourquoi vous me prenez mon nom ? »

Elle n'avait qu'à m'expliquer les choses. Si elle avait été gentille, si elle m'avait dit :

« Écoute, mon petit coco, un grand malheur est arrivé, mais on va bien te soigner ici, et toi tu n'as qu'une chose à faire : te taire. Tu dois te taire, parce que tu es en danger. Tu dois faire comme si tu étais notre fille, pour que les Allemands ne t'attrapent pas. » » Je suis sûre que je serais restée, jamais partie... J'aurais obéi. Ma mère se plaignait déjà que j'étais rebelle, que je n'obéissais pas bien, et quand tout ça est arrivé, moi j'ai cru que c'était ma faute, que j'étais punie de ne pas être obéissante. Il fallait m'expliquer. Mais ça, elle ne voulait pas. Et un jour, peut-être, si les Allemands gagnaient.. on allait me livrer à eux...

Le policier, ça ne l'intéresse sûrement pas, tout ça. Lui, il veut savoir comment je m'appelle.

Leur histoire d'identité, ce n'est pas clair dans ma tête, on ne m'a jamais vraiment expliqué les choses. Grand-père, qui travaillait à la commune, en parlait, de ces histoires d'identité, des papiers que l'on doit avoir et qu'il faut montrer. Alors on m'a fait des papiers avec une photo.

— Alors tu t'appelles Valle ? Monique Valle, c'est ça ?

— Non, c'est pas comme ça. C'est «Elle» qui dit que je m'appelle Valle. Mes parents, les boches les ont emmenés à l'Est.

— Oui, bon. Tu ne vas pas nous compliquer les choses, tu t'appelles Valle, et c'est tout. Où est-ce que tu veux qu'on cherche ? Hein ?

Je l ai su, mon vrai nom. Mais je l'ai rayé de ma mémoire. On ne l'a jamais prononcé devant moi, pour que je ne le répète pas, probablement. On m'a emmené faire une photo, on a dit que j'avais cinq ans, et moi je savais que j'étais bien plus grande que ça. Je savais déjà lire. Tout le monde a menti autour de moi, et le résultat c'est que je ne sais plus rien. J'ai cherché les lettres, mais je suis toujours restée bloquée sur la lettre «V[1]». Lorsque grand-père m'apprenait à écrire, il faisait de jolies lettres, le «M» de mon nom, par exemple. Il savait écrire en lettres gothiques, c'était beau, et il m'apprenait à faire le «M». Mischke ou Monique ? MV ? J'étais un MV, il y avait toujours un MV quelque part. Mon père est juif allemand, ma mère juive russe. Ce «V» ne peut m'appartenir.

C'est confus, compliqué, je m'en fiche, et j'ai du chagrin.

— Qu'est-ce que tu faisais dans cette maison ?

— Rien.

Il n'est pas méchant, cet homme-là. Il me regarde avec pitié. Il m'apporte même à manger : une assiette de viande froide et de fromage, et du chocolat chaud dans une tasse. Mais je n'aime pas la pitié.

— Écoute, petite, on a prévenu les services sociaux, ils vont s'occuper de toi. On va te mettre dans une famille qui veut bien recueillir les enfants comme toi. On te donnera de la nourriture et des vêtements propres. T'as bien besoin d'un bain, tu sais ça ?

J'ai dormi sur un vrai lit chez les policiers. Le premier depuis longtemps.

1. L'initiale du nom de la famille Valle.

Le lendemain est arrivé le service social, deux hommes accompagnés d'une femme qui avait l'air si chic, si bien habillée, qu'elle me fichait la trouille. Elle disait qu'elle voulait bien prendre « la petite fille blonde ». On m'a conduite chez elle, elle parlait avec le policier :

— Bien sûr nous n'avons pas de lit pour elle, mais nous avons un divan très confortable.

Alors, ça recommençait ! Comme chez l'autre, on allait me mettre dans un coin, et j'allais servir de bonne. Et je ne pouvais pas me sauver, coincée dans cette voiture ! Le policier a dû comprendre la même chose que moi, il a dit :

— Dans ce cas, il ne faut pas vous déranger, madame. Nous avons deux autres personnes, deux sœurs célibataires, elles ont de la place chez elles ; et elles sont professeurs, je suis sûre que ce sera mieux pour l'enfant.

La dame était mariée à quelqu'un de la commune, sa charité était limitée, si l'enfant pouvait aller ailleurs, alors... on m'a ramenée au commissariat. J'étais contente d'échapper à une femme comme elle. Une « béotienne » comme moi, qui avait besoin de savon, comme elle disait, ça ne pouvait pas aller.

C'est là que grand-père est arrivé ! Comment il avait fait pour me retrouver ? Grand-père ! Je lui ai sauté dans les bras, il avait pris des cheveux blancs en plus, il avait grossi, et il marchait avec une canne. J'en pleurai de joie.

Marthe était morte, il avait été obligé de vendre la ferme. Et la ferme avait été démolie. Il habitait dans la banlieue de Bruxelles, tout seul. Il travaillait encore un peu à la commune, et il avait entendu parler de moi. Je suppose que l'on cherchait, dans les registres de la commune, quelque information concernant mon identité. Il l'avait su, il avait appelé la police, et il était là. Il allait me prendre avec lui.

— Qu'est-ce que t'as encore dans tes poches ? Montre-moi !
La boussole. Mon couteau.

— Alors, tu es partie comme ça... T'es une drôle de gamine, toi...

— Tu vas me prendre avec toi, grand-père ?

— Je voudrais bien, petite, j'ai demandé au commissaire. Seulement voilà, c'est pas possible, ils ne veulent pas.
— Mais pourquoi ? Ça ne les regarde pas !
— Ils disent que je suis trop vieux, tu vois. Que je ne saurais pas m'occuper de toi. Il faut que quelqu'un s'occupe sérieusement de toi, petite. Je ne sais pas où tu as traîné jusqu'ici, mais j'ai dans l'idée que tu as bien besoin d'être surveillée. Il faut que tu retournes à l'école...
— Grand-père... tu sais où sont mes parents ?
— Ne parle plus de ça, petite. Ça vaut mieux. C'est du passé.
— Ils sont morts ? Tu crois qu'ils sont morts ?
— Tu sais, on ne sait pas tout ce qui s'est passé là-bas, dans les camps. Il y en avait en Belgique, à Malines et ailleurs, mais, eux, on les a emmenés en Pologne. On les a pris en 1941, ils ne sont pas revenus. Il faut que tu oublies. Regarde devant toi, petite. Tu es vivante, toi ! Je ne sais pas comment tu as fait, mais tu es debout sur tes jambes. T'es costaud, tu vas t'en sortir.

Il n'a jamais dit qu'ils étaient morts. Il s'est débrouillé pour le dire sans le dire. Et chaque fois que je posais une question, il répondait :
— Regarde devant toi, pas derrière. C'est fini.

Il a promis de venir me voir chez ces dames où on allait m'éduquer. Où on allait faire de moi une bonne petite jeune fille, bien convenable. Qui saurait bien parler, bien se laver, bien se tenir en société, qui apprendrait un métier.

Moi, je pensais : ils ne savent pas que je suis un loup.

Je suis arrivée chez les deux sœurs, avec un petit sac en papier qu'on m'avait donné. Un paquet de biscuits, une brosse à dents. Ils avaient donné la même chose aux autres.

J'avais encore autour du cou le petit bonhomme vert. Celui dont Mouton disait : « Ton petit dieu ». Mon porte-bonheur. Elles l'ont vu tout de suite :
— Qu'est-ce que c'est, ça ?
— C'est mon petit dieu.
— Oh ! non ! Tu es dans une maison catholique, ici !

Pour elles, je n'étais pas une enfant de la guerre. J'étais une gamine qui vivait avec une bande de voyous, et il fallait arranger ça. Et puis je ne parlais pas, et si je parlais c'était mal, il fallait arranger ça. Est-ce que je savais écrire ? Tout juste. Lire ? Tout juste. On allait arranger ça.

J'avais le sentiment que « arranger ça », c'était me prendre ma peau. Et c'est bien ce qu'elles voulaient faire.

Ces deux femmes étaient des religieuses en costume laïc, qui avaient deux frères curés. Elles habitaient une maison particulière, où j'allais vivre avec elles. J'irais à l'école où elles enseignaient. Interdiction de sortir seule, j'étais sans cesse accompagnée. En quelques jours, on m'a raclé la peau, rasé les cheveux, et habillée en fille avec une jupe, un chemisier et des chaussettes. Mes pieds déformés avaient du mal à supporter les sandalettes. On m'appelait Monique et je ne supportais pas. Moi, c'est Mischke !

— Alors, on va t'appeler Monikou...

Au début, on m'a mise à l'école à mi-temps. Je devais réapprendre tellement de choses qu'ils commençaient par de petites histoires :

— On va te raconter, et ensuite tu diras ce que tu as compris.

Tant qu'il s'agissait des fables de La Fontaine, j'aimais bien. Les animaux discutaient entre eux, et ça m'intéressait beaucoup. Mais le jour où elles m'ont raconté le Petit Chaperon rouge, j'ai crié :

— Je n'en veux pas, je n'aime pas ça.

Elles n'ont pas compris pourquoi, mais n'ont pas posé de question.

Être mangé par le loup ! Quelle idiotie ! Et ce loup qui a un bonnet sur la tête, comme la grand-mère, c'est idiot, un loup c'est un loup... J'aurais bien aimé leur dire, mais j'avais tant de mal à m'expliquer, les mots ne me venaient pas. Je cherchais pourtant, je me disais : « Je vais bien me faire comprendre, je vais commencer la phrase avec ce mot-là, et puis celui-là, et je vais bien parler, et on me comprendra. » Et quand je cherchais un mot sans le trouver, je devenais folle, j'avais envie de mordre ! Avec la bande des copains, c'était différent, on ne parlait pas vraiment, on se comprenait avec peu de mots, et il n'y avait que l'essentiel.

Avec ces deux femmes, j'apprenais par cœur ce qu'elles me disaient d'apprendre. Je récitais bien, j'y mettais du sentiment, elles étaient contentes :

— Mais c'est très bien, très bien, tu fais de grands progrès !

Je pouvais réciter, pas m'expliquer. Et j'étais mal à l'aise.

Lorsqu'on m'a mise dans une classe avec les plus grandes, j'ai fait peur à tout le monde. Je ne sais pas à quoi je ressemblais physiquement à ce moment-là, mais pas aux autres en tout cas. Alors, bien sûr, je me suis battue, bec et ongles et dents. J'étais toujours la première à faire une bêtise, et peu à peu les autres, au lieu d'avoir seulement peur de moi, se sont mises à m'admirer. Parce que je n'avais peur de rien, que j'étais libre.

Quand on m'a traînée à l'église, j'ai crié :

— Mais je suis juive ! Je suis juive !

— Mais non, ne crois pas que tu es juive... tu t'appelles Valle...

— Mais si, je suis juive !

— Oh, mais non ! Regarde-toi, tu as le nez comme un petit navet... tu ne peux pas être juive !

— Je suis juive !

— Bon, eh bien ! on priera pour toi quand même.

À cette époque, je ne savais pas qu'il existait des organisations juives qui auraient pu rechercher la trace de mes parents, peut-être me rendre, avec leur mort, ma véritable identité. Personne n'a cherché à m'aider dans ce sens. Je n'étais pas juive, je m'appelais Valle, j'avais un petit nez comme un navet... On niait mon identité, ma mère, mon père, toute mon histoire. Et si on avait pu me tremper dans le bénitier, on l'aurait fait.

Lorsque mes éducatrices ont cru que j'étais rentrée dans le rang, comme elles disaient, que je n'allais plus me sauver, elles m'ont laissée aller à l'école et en revenir seule. Au début je rentrais à l'heure, puis j'ai commencé à ne plus rentrer. Un jour, un gamin des environs a tapé sur le carreau de leur maison avec une pierre :

— Tu peux pas sortir ?

Et hop, j'étais dehors en une minute. On s'est promenés dans le parc, j'étais contente de revoir les arbres et de marcher en liberté avec un compagnon. Simplement d'être dehors.

Qu'est-ce que j'ai pris ! Elles étaient furieuses, comme si j'avais été une traînée toute ma vie. Elles sont allées chez les parents du gamin, et au collège où il était. Fini, le vide, personne ne devait m'approcher.

Je faisais quand même des progrès, j'apprenais vite, on me faisait passer d'une classe à une autre. J'étais douée pour les langues, pour l'écriture. J'avais quatorze ans, et plus de poux. Mais j'avais toujours mal aux pieds, et j'étais incapable de m'intégrer aux humains. Je ne faisais que les supporter, en attendant d'être libre à nouveau.

Et il y a eu le jour où on m'a demandé d'écrire une rédaction. Pour la première fois, je pouvais écrire ce que je voulais, ce que je pensais. Écrire, c'était bien plus facile que de parler. Je savais, il n'y avait pas besoin de prononcer, et les phrases venaient toutes seules. J'aimais ça. J'écrivais déjà des poèmes, des tas d'idées sur ma vie, les animaux, la nature. Lorsque je n'arrivais pas à m'exprimer, on me disait toujours : « Écris-le. »

Alors, j'ai décidé que j'allais raconter ce que j'avais vécu. J'ai écrit des pages et des pages. L'arrachement d'avec ma mère, les boches qui ont tué mes parents, le vol de l'argent, comment j'avais été maltraitée dans cette famille riche qui raclait la confiture sur ma tartine. Comment j'étais partie, et ce que j'avais vu des horreurs des humains. Tous ces morts à Varsovie, la pourriture et les cadavres dans les rues. J'écrivais « je suis juive », et la peine et la douleur que je ressentais d'aller à l'église. Et puis aussi que les humains étaient mauvais, que les animaux valaient mille fois mieux. Que j'avais vécu heureuse avec les bêtes, seulement avec les bêtes. Ce n'était pas bien tourné, j'écrivais comme j'aurais craché, dans le désordre.

Horreur ! j'avais osé révéler que le curé qui était chargé de nous enseigner le catéchisme avait voulu m'enseigner, à moi, bien autre chose, et que je m'étais tue.

Toute ma colère, tout mon malheur était là, en petites phrases violentes. Je dénonçais.

L'aînée des sœurs m'a appelée dans le bureau d'études où

elles travaillaient en face de moi lorsque je faisais mes devoirs. Elle avait le visage tordu de colère. Ma copie était posée sur la grande table.

— Alors ? On essaie de t'éduquer, et voilà ce que tu écris ? Je ne sais pas où tu es allée chercher ça, mais c'est un ramassis de mensonges ! Des insanités ! Tu es une mauvaise fille ! Viens par ici, je vais te montrer ce que j'en fais, moi, de tes horreurs !

Elle m'a entraînée dans la cuisine. C'était au mois de juin, à la fin des classes, je m'en souviens très bien. Il y avait encore du feu dans le poêle. Elle a ouvert la porte et m'a dit :

— Tu vas jeter ça au feu toi-même, page par page, je te surveille !

Tout a brûlé. La première fois que j'ai essayé de raconter mon histoire, on m'a obligée à la brûler.

J'ai eu mes règles immédiatement après. Elles en ont fait toute une histoire, pas moi. Je m'en fichais. Je ne voulais pas savoir. Devenir une jeune fille ? Pouah !

J'ai fugué, je suis même partie deux jours, je crois, en voiture avec un gars. On s'est baladés au bord de la mer, on a mangé, on a couché dans un lit dans un hôtel.

J'étais une délinquante, une asociale, une fugueuse. Et pourtant, disaient-elles parfois :

— Elle est intelligente et elle a un bon fond, mais...

Il y avait toujours ce mais. J'en avais assez de l'école. Un jour, il faisait trop beau pour aller à l'école. Ma nature est d'être dans les bois, de me rouler au soleil comme un petit lézard, pas d'être enfermée dans une classe. Je cherchais le moyen de ne pas y aller. J'ai trouvé ! J'ai fait semblant de tomber par terre, on m'a emmenée à l'infirmerie.

— Qu'est-ce que tu as ?
— Je ne peux plus marcher.

On a fait venir un médecin, et on m'a ramenée chez les sœurs. C'est la seule fois de ma vie où j'ai été cajolée. Elles avaient peur. Une infirme ? C'était autre chose que de garder une gamine qui mettait la table et faisait de la poussière.

Le docteur est venu, il a poussé, tiré sur mes jambes, et moi je me disais : « Muscle, ne bouge pas ! Muscle, ne bouge pas ! »

Il a fait une piqûre et déclaré :
— C'est grave, il n'y a pas de réaction.
Je commandais à mes muscles, je leur ordonnais : « Même s'il vous fait mal, cet imbécile, ne bougez pas. »
Alors je suis restée au lit. Puis j'ai fait semblant d'avoir envie de bouger, et on me disait :
— Non, non, fais attention !
— Si, je veux essayer...
Pour finir, je me suis retrouvée assise dans le jardin, sur une chaise longue, au soleil. Quinze jours hors de l'école. Quinze jours de paix et de soleil.

J'ai remarché quand j'ai voulu. Et chaque fois que l'on m'a obligée à faire quelque chose que je ne voulais pas, que je me sentais acculée, alors je trouvais une défense. Un moyen. Je faisais comme les rats de Varsovie qui trouvaient toujours un passage quelque part, alors que les humains étaient prisonniers. La vie, c'est mordre ou trouver un passage.

Les humains sont des proies stupides, ils n'ont pas compris.

17

Pour l'amour de Jimmy

Après ce fut une autre aventure, le devoir de s'habituer à la vie sociale avec les humains. Étudier, car l'éducation est la base de tout. Quant à ma peine, j'allais devoir l'enfermer en moi, lutter avec elle, seule à seule. Ensuite, je pourrais affronter les autres et leur raconter. Mais avant cela il fallait penser à vivre autrement, apprendre à s'exprimer pour pouvoir se défendre avec les mots comme le font si bien les humains.

J'ai enfoncé au plus profond de moi le souvenir des enfants morts, le sang, le pus, les tueries, la faim et la peur au ventre. J'ai pris l'habitude de me taire, de me cacher derrière une identité neutre, d'être tout le monde et personne à la fois.

L'identité du grand-père me suffisait, je l'ai gardée, n'en ayant pas d'autre. Lui avait compris, il m'a dit un jour en me tendant de l'argent :

— Tiens, c'est à toi.

J'avais une vingtaine d'années. Je n'ai pas posé de questions. Était-ce l'enveloppe que j'avais vue changer de main en 1941 ?

J'ai cru pouvoir devenir institutrice grâce au diplôme que j'avais obtenu chez les sœurs : il était fait pour cela. Mais, face aux enfants, je m'entendais leur apprendre bien autre chose que ce qu'il y avait dans les manuels officiels. C'était impossible.

Longtemps j'ai considéré les hommes comme des proies, je ne pouvais pas croire à leur amour. Je ne croyais qu'à mon propre désir ; celui-là une fois assouvi, l'homme n'existait plus.

Puis j'ai cru pouvoir me marier. C'était une erreur. J'ai eu un fils, c'est l'unique réalisation de cette période de ma vie qui soit précieuse et importante.

Un jour, j'ai rencontré un autre homme, doux, qui a compris. Il a dit :

— Quand on aime un être humain, on l'aime tout entier, avec ses défauts et ses faiblesses, ses colères et ses rages. On ne l'aime pas à moitié, ou au tiers.

Alors il m'aime comme je suis. Sauvage, affamée, inguérissable, asociale. Il me regarde vivre avec tendresse et patience. C'est à lui seul que j'ai pu parler, petit à petit, par bribes, pour qu'il sache tout de moi, de ma difficulté à aimer les humains et à survivre parmi eux.

Car je survis toujours. Je suis encore dans cet état de catastrophe qui a suivi la disparition de mes parents, je n'ai pas grandi. Je suis toujours en quête d'une identité que je ne trouve pas ailleurs que chez l'animal. Je remplis ma vie et ma maison d'animaux. En mon jardin, les oiseaux viennent nicher, les biches se nourrir, les écureuils danser. Je recueille tous les chats et les chiens sans maître, les oiseaux tombés du nid, et même les souris épargnées par mes chats. Lorsqu'on a tenu dans sa main un souriceau tremblant de peur, ou un oisillon tellement décidé à vivre qu'il en persuade le chat lui-même, alors on sait à quoi devrait ressembler la vie.

Mon plus grand amour pendant des années fut un chien. Un roquet blanc au pelage hirsute et doux, un animal féroce et tendre, possessif et caractériel. Lorsqu'il est mort, j'ai pris le deuil de mon « Jimmy » comme j'aurais pris le deuil de la terre. C'est à lui que je dédie ces Mémoires. C'est à cause de lui que j'ai raconté mon histoire. Mon amour pour Jimmy était si intense, et ma peine si grande, que j'ai voulu lui dédier un film. Une journaliste a vu ce film, m'a posé des questions sur mes rapports si particuliers avec les animaux. De mot en mot, ce que je n'avais dit à personne d'autre qu'à mon compagnon est revenu à la surface. Alors, on m'a demandé de parler, de faire des conférences. C'était une manière bien étrange de me retrouver dans ma peau d'enfant juive, spectatrice de la mort des autres, témoin particulier de l'holocauste. D'autres parlaient des camps de la mort, moi je parlais des loups.

Et je continuais d'avoir froid dans le monde civilisé, je crois que j'aurai froid jusqu'à ma mort. Et je continue d'avoir faim. Et de craindre les humains.

On me trouve étrange, bien sûr, de faire autant de provisions, comme si j'allais devoir soutenir une famine de dix ans.

Étrange d'entasser dans mon grenier des couvertures par dizaines et des vêtements pour toutes les saisons.

Étrange d'empiler dans mon sous-sol des chaussures neuves par centaines, comme si j'avais encore à marcher le restant de ma vie.

Étrange de garder chez moi tant de couteaux. Comme si l'Allemand assassin était toujours à me guetter au coin du bois.

Étrange. Je possède pour posséder, parce que je n'ai jamais rien eu. Je remplis ma maison parce que j'ai l'angoisse du vide. Je vis loin de la foule et des villes parce que j'ai horreur des humains. Je survis en faisant semblant d'être un humain, et il arrive trop souvent que je n'y parvienne plus.

On me dit alors anormale. Pourtant j'ai vu des gens normaux détourner les yeux pour ne pas avoir à intervenir devant une injustice. Des passifs et des silencieux, des aveugles et des sourds. Je ne guérirai jamais. On ne guérit pas d'une enfance comme la mienne.

Un jour, j'ai choisi l'Amérique pour y trouver l'espace d'y vivre cette anormalité. Mais même ici, je crains toujours, devant l'intolérance raciale, que tout recommence. Alors je suis toujours prête à partir, prête à lever le camp. Aux aguets.

Les humains que je fréquente, ou que j'accepte dans mon antre, sont rares. Je fais une psychothérapie dont je n'attends pas grand-chose, qu'un peu d'apaisement à ma souffrance. Je suis visiteuse de prison. Les détenus criminels, les anciens du Viêt Nam qui ont appris à tuer et n'ont pas su s'arrêter me comprennent, ils sont les survivants d'une violence et d'une solitude semblables à la mienne.

Un jour, alors que le livre allait paraître aux États-Unis, j'ai entendu :

— Mais vous n'êtes pas une survivante de l'holocauste ! Vous n'avez pas vécu dans les camps !

Comme avant, j'ai eu envie de mordre, de gratter la blessure, de me nourrir de mon propre sang pour survivre.

Il y a à Boston, comme dans beaucoup d'autres villes, un mémorial de l'holocauste. Il est fait des milliers de noms de déportés gravés sur des colonnes de verre. Je le visite comme on visiterait un cimetière, je contemple tous ces numéros, minuscules, serrés les uns contre les autres, en colonnes transparentes montant vers le ciel. Je me dis que l'un ou l'autre d'entre eux appartient peut-être à mes parents. Que leurs noms sont là, quelque part sur ces colonnes de verre.

Un nom inconnu, celui que je portais dans le ventre de ma mère, et qui m'a échappé pour toujours. C'est la seule représentation de mon identité que je puisse espérer.

Un jour j'ai tenté de refaire le chemin du quartier de Schaerbeek, à Bruxelles, où mes parents s'étaient cachés. J'ai cherché l'école où j'ai attendu vainement mon père sur les marches de pierre. La rue montante où j'ai vu, ce jour-là, les camions et les uniformes, le logement où nous vivions terrés comme des rats.

J'ai sonné à des portes pour rencontrer ceux qui y habitaient, poser la question à l'impossible réponse :

— Quelqu'un sait-il si ma mère et mon père ont vécu ici ? Elle était brune et fragile, il était blond et grand, ils s'appelaient Reuven et Gerushah. Leur petite fille, Mischke, avait six ou sept ans.

Dans l'une de ces maisons, une femme m'a répondu :

— En arrivant ici, nous avons trouvé des photos de gens qui vivaient là pendant la guerre. Voulez-vous les voir ? On les a gardées.

J'ai contemplé longuement des visages inconnus, une famille qui n'était pas la mienne.

Le cœur serré, j'ai posé le doigt sur le visage d'une jeune femme qui aurait pu être ma mère, d'un homme qui aurait pu être mon père. Je les ai choisis et je les ai emportés.

Je suis partie très vite avec les portraits de ces inconnus dans mon sac, comme une voleuse de famille, et ne suis plus jamais retournée à Schaerbeek.

De ma fuite à travers la Belgique, l'Allemagne, la Pologne, l'Ukraine, la Roumanie, la Yougoslavie, l'Italie et la France en guerre, il ne me reste que ma boussole. Mon bien le plus précieux. Elle a franchi des milliers de kilomètres, dans ma poche, dans ma musette, dans ma bouche. J'avais si peur de la perdre que j'ai failli l'avaler bien des fois.

À l'Est, je n'ai retrouvé que les loups. La seule famille qui soit de ma race.

Remerciements

Ceux auxquels j'aimerais exprimer ma gratitude sont nombreux. D'abord les animaux, familiers et sauvages, qui n'ont jamais manqué de m'apporter réconfort et subsistance chaque jour de ma vie. Maurice, mon mari, qui m'a soutenue avec patience tout au long de ce projet. Mon fils, Morris Levy, qui est un trésor dans mon existence.

Je remercie le rabbin Yocheved Helligman, qui m'a encouragée à partager mon histoire avec les membres de la congrégation, et mon amie Janet Nirenberg, qui m'a non seulement écoutée, mais poussée à écrire mon histoire.

En Belgique, je remercie Arlette Huygh, que je connais depuis quarante ans, Luc Herman, Margot et Daniel. Je remercie également Liliane et Freddy Lehman, mes amis de toujours, Jeanine Houtekier, Andrée Gillard, Andrea et Stefaan Dumery. En Hollande, je remercie la famille Botter, et, en Suisse, Éric Krauthammer.

Je remercie Odette Sullivan, cette petite Française qui m'a été d'un grand réconfort aux États-Unis.

Je tiens à remercier tout particulièrement messieurs Charles Ronsac et Bernard Fixot, des éditions Robert Laffont. Grâce à la confiance qu'ils m'ont témoignée, j'ai pu mettre à la lumière ce que j'avais gardé au fond de moi-même comme une vieille blessure depuis plus de cinquante ans. Je leur en suis profondément reconnaissante.

Enfin, je remercie Marie-Thérèse Cuny. Cette petite bonne

femme tendre et solide m'a émue ; avec elle, j'ai pu parler librement. Elle a su admirablement dire la rage, la haine, l'émotion, les pleurs, le chagrin, l'amour des loups, la vie et la mort, parce qu'elle a compris... Comme je le voulais depuis si longtemps.

Table des matières

1. Un fantôme de bonheur 13
2. La dame en noir 26
3. La boussole 43
4. Vers le soleil levant 60
5. À l'est de l'Est 85
6. Cœur de loup 97
7. La haine 107
8. Le pays de la mort 117
9. Varsovie 127
10. Mère loup 141
11. Tuer 151
12. Malka et Misha 156
13. Retour à l'ouest 174
14. Un bateau pour l'Italie 182
15. Où vas-tu, petite ? 191
16. Prison 203
17. Pour l'amour de Jimmy 213

Remerciements 219

Cet ouvrage a été imprimé
sur du papier sans bois et sans acide

*La composition de cet ouvrage
a été réalisée par l'**Imprimerie Bussière**,
l'impression a été effectuée
sur presse Cameron dans les ateliers
de **Bussière Camedan Imprimeries**
à Saint-Amand-Montrond (Cher)
pour le compte de France Loisirs
123, boulevard de Grenelle, Paris
en mai 1998*

N° d'Édition : 29873. N° d'Impression : 982957/4.
Dépôt légal : mai 1998.
Imprimé en France